Friedrich Wilhelm Alexander Held

Hel's Sozial-Reform-Theorie zur Beseitigung des allgemeinen materiellen Notstandes

und Begründung des allgemeinen sozialen Wohlstandes

Friedrich Wilhelm Alexander Held

Hel's Sozial-Reform-Theorie zur Beseitigung des allgemeinen materiellen Notstandes
und Begründung des allgemeinen sozialen Wohlstandes

ISBN/EAN: 9783744610810

Hergestellt in Europa, USA, Kanada, Australien, Japan

Cover: Foto ©Suzi / pixelio.de

Weitere Bücher finden Sie auf **www.hansebooks.com**

Held's

Social-Reform-Theorie

zur Beseitigung des

allgemeinen materiellen Nothstandes

und Begründung des

allgemeinen socialen Wohlstandes.

Das Uebersetzungsrecht ist vorbehalten.

Berlin, 1868.
Selbstverlag des Herausgebers.
Zu beziehen von der Expedition der „Staatsbürger-Zeitung".
(Schützenstraße 68.)

Vorwort.

Eine weltgeschichtliche Erfahrung lehrt, daß nichts schwerer ist auf der Welt, als die Verbreitung und Einführung einer neuen Lehre, — wäre sie auch die wahrste und richtigste, die sich nur irgend denken läßt.

Jede neue Lehre, die das Interesse der Menschheit fördert, muß mit Nothwendigkeit auch die Interessen Einzelner bedrohen. Diese erkennen alsdann die ihnen aus der neuen Lehre drohende Gefahr, mit dem dem Menschen dafür eigenthümlichen Instinct, weit eher als die andern, denen sie zum Segen gereicht, diesen letzteren erkennen. Die Feinde der neuen Lehre sind also thätiger in ihrer Bekämpfung, als es die erst zu gewinnenden Anhänger derselben in ihrer Vertheidigung sein können; und das eben erschwert und verzögert ihre Verbreitung und Einführung so sehr! —

Wie lange hat nicht das Christenthum nach seiner ersten Begründung durch die Apostel warten müssen, bis es (unter Constantin 333 n. Chr.) die erste staatliche Anerkennung fand?! —

Wie viele Zeit mußte nicht verfließen, bis die von Copernicus († 1543) verkündete Lehre von der Bewegung der Erde um sich selbst und um die Sonne allgemeine Geltung erhielt, da noch Tycho de Brahe († 1601) sie zum theil bekämpfte, und Galilei († 1642) sie im Kerker büßen mußte, bis er Widerruf that?! —

Hat nicht selbst die Reformation Luthers mehr als ein Jahrhundert gebraucht, bis sie sich nur in einzelnen Ländern Geltung erwarb? —

Mußten nicht fast zwei Jahrhunderte verfließen, ehe die von Salomon de Caus entdeckte Dampfkraft uns die ersten Dampfschiffe auf den Flüssen zeigte?! —

Und doch waren alle diese ihrerzeit neuen Lehren an sich richtig und für die Mehrzahl der Menschen segensreich und heilsam!

Zum Glück für unsre Zeit hat dieselbe in dieser Hinsicht vor den früheren Zeiten zwei große Hebel voraus, die wenigstens der Ausbreitung neuer Lehren die wichtigsten Dienste leisten. — Diese beiden Hebel sind die freie Presse und das Vereinsrecht; sie begründen die Möglichkeit, eine neue Lehre durch das gedruckte Wort den weitesten Kreisen zu verkünden, und durch das lebendige den engeren Kreisen einbringlich zu machen. —

Nachdem ich, der Verfasser und Herausgeber dieses kleinen Werkes, die darin enthaltene neue sociale Lehre über die Ursachen des allgemeinen materiellen Nothstandes und die Mittel, durch ihre Beseitigung den allgemeinen socialen Wohlstand zu begründen, — die Frucht einer zwanzigjährigen Geistesarbeit! — während der letzten drei Jahre in der „Staatsbürger-Zeitung" nach und nach entwickelt und ausführlich motivirt, und mich alsdann in mehren großen Volksversammlungen überzeugt habe, wie sehr sie geeignet ist, in dem

Herzen und Kopfe des Volkes Wurzel zu schlagen; — halte ich es — nach ausdrücklicher Aufforderung! — für meine Pflicht, alle nur möglichen Mittel aufzubieten, um dieser Social-Reform-Theorie diejenige Verbreitung zu geben, welche nothwendig ist, um ihre endliche Einführung in die Gemeinwesen der Gegenwart zu bewirken.

Von dem Augenblicke an, da sie sich in Kopf und Herz der Mehrzahl des Volkes festgewurzelt haben wird, steht ihrer Einführung — trotz ihrer natürlichen, zum theil mächtigen Widersacher! — nichts mehr im Wege.

Eines der Mittel zu diesem Zweck soll das vorliegende Werkchen sein. Es mußte — unter Weglassung aller Motivirungen, die schon allein ein dickes Buch ausmachen würden, — so kurz, wie es hier geschehen, gefaßt sein, damit es desto leichter den großen Volksmassen zugänglich und verständlich werden kann.

Sie vor allen müssen die neue sociale Lehre durch und durch kennen und durch und durch prüfen, ehe sie dafür einzutreten vermögen.

Aber auch den Widersachern und Bekämpfern derselben muß sie leicht zugänglich und verständlich sein, damit sie nicht — wie sie bereits gethan haben, — darüber urtheilen wie der Blinde über die Farben; damit sie sich vor aller Welt schämen müssen, dagegen anzukämpfen mit Behauptungen, die schon in der Lehre selbst widerlegt sind! —

Alsdann wird das zweite Mittel zum Zweck die Gründung eines Vereins sein, der den Namen „Social-Reform-Verein" führen und allmälig über ganz Deutschland, ja womöglich auch darüber hinaus, sich ausbreiten soll, — umfassend alle Diejenigen, welche entschlossen sind, das natürliche Erwerbsrecht der Erwerbsthätigkeit gegen das Erwerbsvorrecht des Müßigganges mit allen gesetzlichen Mitteln zur Geltung zu bringen. —

Möge das Volk in seinem eigenen gerechten Interesse diesen Schritten seine Zustimmung und seinen Beistand zu theil werden lassen; — dann wird das Ziel in verhältnißmäßig kurzer Zeit erreicht werden! —

Berlin, im Januar 1868.

Held.

Held's

Social-Reform-Theorie.

Capitel I.
Social-philosophische Sätze und Begriffe.
Titel 1.
Von der Lebensthätigkeit.

§ 1. Der Zweck des Lebens ist der Genuß desselben. — Diesen Satz bestätigt der Naturtrieb einer jeden Creatur; und der Mensch hat noch nicht bewiesen, daß sein Leben einen anderen Zweck habe.

§ 2. Der Genuß des Lebens besteht in dem Thun und Empfinden dessen, was in uns das Gefühl des Befriedigtseins und Wohlbehagens erzeugt.

§ 3. Zur Erfüllung des Lebenszweckes hat jeder Mensch die natürliche Pflicht, sich die dazu nöthigen Mittel zu verschaffen.

§ 4. Um dem Menschen die Beschaffung der Mittel zum Lebensgenusse zu ermöglichen, hat ihm die Natur zwei kostbare Güter geschenkt: die **fruchtgebärende** (fruchtbare, productive) **Erde**, auf welcher er lebt, und die **fruchtzeugende** (producirende) **Arbeitskraft**, die ihm innewohnt.

§ 5. Die Mittel zum Lebensgenusse nennt man mit Beziehung auf ihren Zweck Lebensbedürfnisse, insoweit sie aber der Abschätzung gegeneinander fähig sind, im allgemeinen Werthe.

§ 6. Alle nur denkbaren Werthe werden mittels der fruchtzeugenden Arbeitskraft des Menschen theils direct, theils indirect aus dem fruchtgebärenden Erdreiche der Erde gewonnen.

§ 7. Das fruchtgebärende Erdreich der Erde nennen wir das **Muttergut**, gewöhnlich den productiven Grund und Boden.

§ 8. Das Muttergut ist der Urquell aller Werthe. Daraus folgt, daß das Muttergut selbst der höchste Werth ist.

§ 9. Die auf die Erzeugung von Werthen gerichtete Aeußerung der Arbeitskraft des Menschen nennen wir Arbeitsthätigkeit oder Arbeit im subjectiven Sinne (subjective Arbeit) oder Arbeit schlechtweg.

§ 10. Aber auch den durch die Arbeitsthätigkeit erzeugten Werth, also das Arbeitsproduct, nennt man gewöhnlich Arbeit schlechtweg; — es ist Arbeit im objectiven Sinne (objective Arbeit).

§ 11. Subjective Arbeit ist hiernach jede geistige oder körperliche Thätigkeit, durch welche direct oder indirect Werthe hervorgebracht (producirt) werden.

§ 12. Die directe Production besteht in der Hervorbringung der Werthe selbst.

§ 13. Die indirecte Production besteht in der Unterstützung des Erzeugers von Werthen durch Dienstleistungen aller Art, die ihm Arbeitszeit ersparen, also seine Arbeitsthätigkeit vermehren und dadurch zur Vermehrung der durch ihn zu erzeugenden Werthe beitragen.

§ 14. Beide Arten von Arbeit — die subjective und die objective, die Arbeitsthätigkeit und das Arbeitsproduct — nennt man auch Leistungen, insofern sie von Dem, der sie verrichtet, einem Andern zu dessen Gunsten gewährt werden.

Titel 2.

Von der Theilung und dem Austausche der Arbeit.

§ 15. Es ist eine Unmöglichkeit, daß sich jeder Mensch alle seine einzelnen Lebensbedürfnisse selber erzeugen kann; — denn es würde dazu gehören, daß jeder Mensch einen bestimmten Fleck Erdreich besäße, und daß dieser fähig wäre, mittels der Arbeitsthätigkeit des einen Menschen alle Arten von Werthen zu erzeugen.

§ 16. Diese Unmöglichkeit hat zu der Theilung der Arbeit geführt, welche darin besteht, daß jeder Mensch nur besondere Arten von Werthen hervorbringt, natürlich also in weit größerer Menge, als er für seinen eignen Bedarf nöthig hat.

§ 17. Da sich der Mensch zu diesen besonderen Arten von Werthen nur solche erwählt, zu deren Hervorbringung er vorzugsweise geschickt und befähigt ist, so wird die besondere Art von Werthen in größerer Quantität und in besserer Qualität hervorgebracht werden, als es bei einer Verschmelzung der Arbeit möglich wäre.

§ 18. In je mehr besondere Arten die Hervorbringung der Werthe, also die Arbeit, getheilt ist, desto mehr und desto bessere Werthe werden mit demselben Quantum Arbeitsthätigkeit erzeugt werden.

§ 19. Die Nothwendigkeit der Theilung der Arbeit hat die Nothwendigkeit des Austausches der Arbeit zur Folge. Denn Jeder, der von seiner besonderen Art von Werthen mehr erzeugt hat, als ihm zu seinem eignen Verbrauch nothwendig ist, muß den Mehrbetrag hingeben, um dafür die Arten von Werthen einzutauschen, welche er sonst noch zu seinem Verbrauche bedarf.

§ 20. Durch die Nothwendigkeit des gegenseitigen Austausches der producirten Werthe oder der Production behufs des Verbrauchs der Werthe oder der Consumtion werden eben die Werthe zu Leistungen. (§ 14.)

§ 21. Aus der Natur des Austausches der Werthe folgt, daß eine jede dem Andern gewährte Leistung den Anspruch auf eine Gegenleistung des Andern von gleichem Werth begründet.

Titel 3.

Von dem Angebot und der Nachfrage.

§ 22. Um die Werthe so richtig auszutauschen, daß Leistung und Gegenleistung gleich sind, muß man die Werthe gegeneinander abmessen können.

§ 23. Als Norm für das Abmessen der Werthe gegeneinander oder als Werthmaß der Leistungen dient das Verhältniß des Vorraths (der Production) derselben zu ihrem Bedarf (der Consumtion) oder — was dasselbe sagt, — das Verhältniß zwischen Angebot und Nachfrage der Leistungen.

§ 24. Je weniger man einer Leistung bedarf, und je mehr Vorrath davon vorhanden ist, desto stärker ist das Angebot derselben, und desto niedriger ihr Werth.

Umgekehrt: je mehr man einer Leistung bedarf, und je

weniger Vorrath davon vorhanden ist, desto stärker ist die Nachfrage derselben, und desto höher ihr Werth.

§ 25. Nach der Stärke des Angebots und der Nachfrage regulirt sich das Maß des Werthes oder — mit andern Worten — die Geltung oder der Preis der Leistungen.

Titel 4.
Vom Gelde.

§ 26. Das äußere Zeichen der Geltung aller Leistungen nennt man das Geld, welches hiernach der bis in's Kleinste theilbare Werthmesser der Leistungen ist, mittels dessen der richtig bemessene Austausch derselben erfolgen kann.

Daher ist das Geld seinem Zwecke nach Werthmesser und Tauschmittel der Leistungen.

§ 27. Seiner Natur nach ist das Geld aber wiederum Quittung über und Anweisung auf Leistungen.

§ 28. Wer ein Geldzeichen besitzt, hat eine Bescheinigung darüber, daß er eine Leistung von der durch das Geldzeichen ausgedrückten Geltung der Allgemeinheit, resp. einem Individuum derselben, das der Leistung nachgefragt hat, gewährte. — Er besitzt also in diesem Geldzeichen eine Quittung über eine von ihm gewährte Leistung.

Aber da er für die gewährte Leistung einen Anspruch auf eine ihm zu gewährende Gegenleistung von gleichem Werthe hat (§ 21), so besagt sein Geldzeichen, daß er eine Leistung von der durch das Geldzeichen ausgedrückten Geltung von der Allgemeinheit, resp. einem Individuum derselben, das die Leistung anbietet, zu empfangen hat. — Er besitzt also in diesem Geldzeichen auch eine Anweisung auf eine ihm zu gewährende Leistung.

§ 29. Indem bei dem Austausche der Leistungen die Geldzeichen in ihrer Eigenschaft als Quittung und Anweisung von Hand zu Hand gehen, sagt man: das Geld circulirt oder coursirt.

§ 30. Wenn das Geldzeichen bei seiner Circulation für Jeden, der es in Händen hat, Quittung und Anweisung ist, so kann es das Erstere, nämlich Quittung, doch nicht sein in der Hand Desjenigen, der es zuerst ausgibt; da dieser es noch nicht von einem Andern als Quittung über eine demselben von ihm gewährte Leistung empfangen haben kann.

In den Händen dessen, der das Geldzeichen zuerst ausgibt, des Münzausgebers, ist es nur Anweisung auf eine ihm von einem Andern zu gewährende Leistung, für welche er die Gegenleistung zu gewähren verspricht, wenn das Geldzeichen infolge der Circulation wieder auf ihn als Anweisung zurückkommt, nach deren Honorirung durch die Gegenleistung das Geldzeichen in seiner Hand erst zur Quittung wird, — um dann wieder von ihm als Anweisung auf eine neue Leistung ausgegeben zu werden.

§ 31. Die allgemeine Annahme des Geldzeichens im Verkehr (Austausche der Leistungen) als Anweisung auf jede beliebige Art von Leistung, also die ungehemmte und unbeanstandete Circulation des Geldzeichens oder — mit andern Worten — die Güte des Geldes, beruht in der Sicherheit, daß der Münzausgeber im Stande und des Willens ist, das von ihm ausgegebene Geldzeichen, diese Anweisung auf eine jede von dem Inhaber gewünschte Art von Leistung, in Höhe des Werthes zu honoriren, d. h. die Leistung zu gewähren.

§ 32. Es giebt nur ein Wesen, welches im Stande ist, den Urstoff zu allen Arten von Leistungen zu gewähren: das ist die Gemeinschaft der Besitzer des Muttergutes, weil dies Muttergut der Urquell aller nur denkbaren Werthe ist (§ 8), und alle Geldzeichen daher in letzter Instanz wieder auf die Muttergutsbesitzer zurückkommen müssen.

§ 33. Eben so ist die Gemeinschaft der Muttergutsbesitzer allein im Stande, die Gewißheit dafür zu bieten, daß die Leistungen auch gewährt werden können; denn der Urquell dieser Leistungen, das Muttergut, kann weder verschwinden noch dauernd vernichtet werden. — Die auf die Leistungen des Muttergutes ausgegebenen Anweisungen sind also durch das Muttergut, diesen höchsten aller Werthe (§ 8), gedeckt, oder — wie man sich ausdrückt, — das Geld ist fundirt.

§ 34. Was den Willen des Muttergutsbesitzers betrifft, die von ihm ausgegebenen Geldzeichen zu honoriren, so bietet die Sicherheit dafür eben auch die Gemeinschaft der Muttergutsbesitzer, welche — da die Ausgabe der Geldzeichen in ihrem Interesse liegt, — für die Güte derselben solidarisch haftet, und zwar unter dem Beistande und der Controle der ganzen staatlichen Gemeinschaft oder des Staates.

§ 35. Die Ausgabe der Geldzeichen muß unter der Autorität und der Controle der höchsten Staatsgewalt stehen, um es im Interesse der Allgemeinheit zu verhindern,

1) daß mehr Anweisungen ausgegeben werden, als Leistungen gewährt werden können,

2) daß Verwirrung in den Geldzeichen entsteht,

3) daß falsche Anweisungen angefertigt und ausgegeben werden.

§ 36. Münzberechtigt, d. h. berechtigt zur Ausgabe allgemein giltiger Geldzeichen als Anweisungen auf alle Arten von Leistungen, sind also die Besitzer des Muttergutes nur unter der Autorisation der höchsten Staatsgewalt, welche einer jeden solchen Anweisung zum Zeichen der ausgeübten Controle ihr Münzgepräge aufdrückt. —

§ 37. Erst durch dies Münzgepräge wird die Anweisung zum Geldzeichen.

§ 38. Die Berechtigung, das Münzgepräge zu ertheilen, ist ein unveräußerliches Hoheitsrecht der höchsten Staatsgewalt, bekannt unter dem Namen des Münzregal.

§ 39. Die Sicherheit des Geldes, von welcher die Güte desselben abhängig ist (§ 31), kann auch noch dadurch begründet werden, daß das Geldzeichen, welches Anweisung auf jede Art von Leistung ist, eine besondere Art von Leistung schon in sich trägt, nämlich einen solchen Werth, resp. eine solche Waare, die sich dazu am besten eignet, (Münzwaare).

§ 40. Die Eigenschaften einer solchen Münzwaare müssen sein:

1) möglichst hoher Preis (§ 25) bei möglichst geringem Umfange, damit die Tragbarkeit erleichtert werde;

2) möglichste Theilbarkeit, um auch die kleinsten Werthe zu repräsentiren;

3) größtmöglichste Gediegenheit, um nicht der Abnutzung zu unterliegen;

4) Entbehrlichkeit für die Consumtion, um nicht durch den Verbrauch aus dem Verkehr zu verschwinden;

5) möglichst allgemeine Annerkennung als Werth.

§ 41. Alle einer Münzwaare nothwendigen Eigenschaften (§§ 39, 40) finden sich am besten vor und vereint in dem sogenannten Edelmetall, namentlich dem Silber und dem Golde.

Daher eignen sich Silber und Gold bei dem gegenwärtigen Stande der Waarenproduction am besten zu solchen Geldzeichen, welche behufs der Sicherheit der dadurch angewiesenen Leistungen den Werth derselben schon in sich tragen sollen. (§ 39.)

§ 42. Diejenigen Geldzeichen, welche den Werth der durch sie angewiesenen Leistungen in einer Münzwaare schon in sich tragen, nennt man Baargeld.

Im Gegensatze hierzu nennen wir diejenigen Geldzeichen, welche nichts weiter sind als Anweisungen auf Leistungen (§§ 27—38), Scheingeld, weil sie in einer bloßen Bescheinigung bestehen. (§ 28.)

§ 43. Da das Scheingeld keinen Werth in sich tragen soll, so muß der Stoff, aus welchem es besteht, ein an sich möglichst werthloser, auch die technische Herstellung der Geldzeichen eine möglichst billige sein.

Daher empfiehlt sich dazu für die Geldzeichen von einem gewissen Werthe (etwa einem Thaler) aufwärts das Papier und von diesem Werthe abwärts das Glas, welches Letztere noch den großen Vortheil bietet, daß es in der bestimmten Fabrication möglichst schwer nachzumachen ist.

Titel 5.
Vom Waarenpreise.

§ 44. Auch das Geld in seiner Eigenschaft als Anweisung auf Leistungen unterliegt bezüglich der Höhe seiner Geltung gegenüber den Leistungen dem Gesetze des Angebots und der Nachfrage (Titel 3).

§ 45. Je mehr Geldmasse vorhanden ist, desto niedriger ist der Werth des Geldes (§ 24 Absatz 1).

Umgekehrt: je weniger Geldmasse vorhanden ist, desto höher ist der Werth des Geldes (§ 24 Absatz 2).

§ 46. Der Preis der Leistungen (§ 25) steht mit dem Werthe des Geldes in umgekehrtem Verhältniß:

Je niedriger der Werth des Geldes, desto höher der Preis der Leistungen; und je höher der Werth des Geldes, desto niedriger der Preis der Leistungen.

§ 47. Wird der Preis einer Leistung höher als früher,

so sagt man, die Leistung sei t h eurer geworden; — wird er
niedriger als früher, so ist die Leistung billiger.

Die Ausdrücke t heurer und billiger greifen aber auch
platz bei dem Vergleiche des Preises zweier verschiedenen
Leistungen, und eben so bei dem Vergleiche derselben Leistung
verschiedener Leistenden.

§ 48. Die Ausdrücke t heuer und billig sind nicht ab=
solute, sondern nur relative Begriffe, indem sie stets nur be=
züglich des Verhältnisses anwendbar sind, in welchem die vor=
handene Leistungsmasse zu der vorhandenen Geldmasse steht.

§ 49. Nur der Exponent dieses Verhältnisses (der
vorhandenen Leistungsmasse zur vorhandenen Geldmasse) gibt den
Preis der Leistungen an.

Beispiele:

1) Sind 8 Scheffel Korn und zum Kaufen derselben 16 Thaler
Geld vorhanden, so ist der Preis eines Scheffels Korn 2 Thaler;
denn in dem Verhältnisse 8 : 16 ist der Exponent 2, weil 8 in
16 dividirt den Quotienten 2 ergibt.

2) Sind 12 Scheffel Korn und zum Kaufen derselben
24 Thaler Geld vorhanden, so ist der Preis eines Scheffels Korn
auch wieder 2 Thaler; denn in dem Verhältnisse 12 : 24 ist der
Exponent auch 2. — Das Korn ist also nicht billiger geworden
als früher, trotzdem sich die Masse desselben vermehrt hat. —
Warum dies? — Weil sich in demselben Verhältnisse auch die
Masse des dafür vorhandenen Geldes vermehrt hat.

3) Wären für die 12 Scheffel Korn aber nur die früheren
16 Thaler Geld vorhanden, so würde der Preis eines Scheffels
nur 1⅓ Thaler betragen, das Korn also um ⅔ Thaler billiger
sein als früher.

4) Dagegen würde es wieder t heurer werden, wenn es so
schlecht gerathen wäre, daß auf die vorhandenen 16 Thaler Geld
nur 4 Scheffel Korn vorhanden sind; denn alsdann wäre der
Preis eines Scheffels 4 Thaler.

§ 50. Trotzdem das Geld mit den Waaren, d. h. mit
den zum Zwecke der Consumtion producirten Werthobjecten,
die Eigenschaft gemein hat, dem Gesetze des Angebots und der
Nachfrage zu unterliegen (§ 44), ist es doch selber keine Waare,
erstens weil es als Geld (Anweisung) nicht consumirt, son-

dern immer nur gegen Waaren ausgetauscht werden kann; zweitens weil es als Geld (Anweisung) nicht producirt, sondern nur als ein arithmetisches Maß aufgestellt wird.

§ 51. Aber das Geld kann auch neben seiner Eigenschaft als Geld noch Waare sein, insofern nämlich der **Stoff**, der zur Anweisung dient, eine Waare ist, d. h. ein producirbares und consumirbares **Werthobject**.

§ 52. Das Scheingeld also (§ 42, Absatz 2) ist in keiner Hinsicht Waare, weil der Stoff, der dabei zur Anweisung dient (§ 43), zu nichts Anderem mehr zu verwenden ist, also keinen Consumtionswerth hat.

§ 53. Das Baargeld hingegen (§ 42, Absatz 1) ist nur seinem Gepräge nach Geld, seinem Stoffe nach aber Waare, weil das Metall, welches den Stoff bildet, immer wieder zur Fabrication zu verwenden ist, also noch einen besonderen Consumtionswerth hat.

§ 54. Das Scheingeld hat vor dem Baargelde den Vortheil der Stetigkeit voraus, da es den Werthschwankungen weniger unterworfen ist.

Der Werth des Scheingeldes regulirt sich blos nach der vorhandenen Geldmasse und der vorhandenen Leistungsmasse (§§ 44 und 45).

Der Werth des Baargeldes aber regulirt sich außerdem noch nach der vorhandenen Masse des Metalls, aus dem es geprägt ist, also nach dem mit dieser Masse wechselnden Preise desselben.

Titel 6.
Vom Eigenthum und Erwerb.

§ 55. Unter dem Eigenthum eines Menschen versteht man diejenigen Werthobjecte, über welche ihm jede beliebige Verfügung freisteht.

§ 56. Eigenthum können also nur diejenigen Werthe sein, welche der einzelne Mensch oder ein Gemeinwesen entweder von der Natur oder einem Eigenthumsberechtigten geschenkt erhalten oder durch Thätigkeit erzeugt, resp. von einem Eigenthumsberechtigten durch Austausch an sich gebracht hat.

§ 57. Was der Mensch mittels seiner Thätigkeit nicht zu erzeugen vermag, und was daher nur von Natur wegen für die

Allgemeinheit da ist, kann nicht das Eigenthum eines einzelnen Menschen sein.

§ 58. Daher gibt es kein Eigenthumsrecht des Individuums an der Erde, dem Erdreiche oder dem Grund und Boden; denn dieser ist allen Menschen, die darauf wohnen, ohne Bevorzugung des einzelnen, von der Natur geschenkt.

§ 59. Nur eine Gemeinschaft von Menschen, welche im Stande ist, das von ihnen bewohnte Erdreich gegen Feinde zu vertheidigen, kann für die Dauer des Bestehens dieser Gemeinschaft als für das Erdreich **eigenthumsberechtigt** in beschränktem Sinne angesehen werden; — Letzteres insofern, als auch eine solche Gemeinschaft außer Stande ist, über das Erdreich in jeder Weise beliebig zu verfügen (§ 55.); z. B. es zu vernichten oder zu translociren.

§ 60. Die einzelnen Inhaber des Grund und Bodens sind nur Besitzer desselben, von der Gemeinschaft eingesetzt, um das Muttergut zu ihren und der Gemeinschaft gunsten mittels ihrer Arbeitsthätigkeit zu bewirthschaften.

§ 61. Dagegen sind Gebäude aller Art Eigenthumsobjecte, da sie Producte menschlicher Arbeitsthätigkeit, auch jeder beliebigen Art von Verfügung des Menschen unterworfen sind.

§ 62. Auch der Sprachgebrauch sanctionirt die hier (§§ 60. 61) in Rede stehende Unterscheidung, insofern man von Grundbesitzern, aber von Hauseigenthümern spricht.

§ 63. Denjenigen Theil des Eigenthums, welchen der Mensch nicht zum eignen Verbrauch (Consum) bestimmt, sondern behufs Erzeugung neuer Werthe (der Production) ansammelt, nennt man sein Capital.

§ 64. Da alle Werthe mittels der Arbeitsthätigkeit erzeugt sind, so repräsentirt ein jedes Capital gleichzeitig Werthobjecte und Arbeitsthätigkeit oder objective und subjective Arbeit (§§ 9. 10).

In diesem Sinne sagt man denn auch: das Capital sei angesammelte, aufgesparte oder vorgethane (nicht zum Consum erzeugte) Arbeit; — und es liefert in dieser Beziehung das Saatkorn das bezeichnendste Bild des Capitals.

§ 65. Auch in angesammelten Anweisungen auf Leistungen, also in Gelde (§ 28), kann ein Capital bestehen, da solche Anweisungen ebensowohl auf Werthobjecte wie auf Arbeitsthätigkeit, auf Gewährung von objectiver wie subjectiver Arbeit lauten.

§ 66. Jeder Mensch hat ein natürliches Anrecht auf das volle Eigenthum der Werthe, die er mittels seiner Arbeitsthätigkeit oder seines Capitals, resp. mittels Beider erzeugt oder im Austausche seiner Leistungen an sich bringt.

§ 67. Das Anrecht auf diese Werthe, welches durch Leistungen begründet wird, nennt man den Verdienst der Werthe, ihren wirklichen Empfang aber den Erwerb.

§ 68. Von Rechts wegen muß daher jeder Mensch genau so viel erwerben, wie er verdient; denn im Austausche der Leistungen müssen die gewährte Leistung (der Verdienst) und die dafür zu empfangende Gegenleistung (der Erwerb) von gleichem Werthe sein (§ 21).

§ 69. Wer weniger erwirbt, als er verdient, wird von Andern übervortheilt; wer mehr erwirbt, als er verdient, übervortheilt Andere. — Der Erstere leistet zu viel, der Letztere zu wenig.

Titel 7.

Vom Risico.

§ 70. Es ist ein natürliches Grundgesetz aller Wertherzeugung, daß die dafür eingesetzten Werthe, Capital und Arbeitsthätigkeit, unter Umständen ganz oder theilweise vergeblich eingesetzt werden, indem sie manchmal geopfert sind, ohne die erwarteten neuen Werthe ergeben zu haben.

Beispiel: A, B und C besitzen einen Acker, A auch das zur Bestellung desselben nöthige Saatkorn, also das Capital; B und C hingegen besitzen die zur Bestellung und Bewirthschaftung des Ackers nöthigen Arbeitskräfte und Arbeitsfähigkeiten. Alle drei vereinigen sich, um eine Ernte herbeizuführen, in deren Ertrag sie sich nach Verhältniß theilen wollen. — B und C bestellen also das Feld und besorgen die Ernte. Da zeigt es sich, daß die Aehren ohne Körner sind, weil die Witterungsverhältnisse einen Mißwachs erzeugt haben. A hat also sein Saatkorn, B und C haben ihre Arbeitsthätigkeit geopfert! —

§ 71. Die Gefahr, bei der Erzeugung neuer Werthe die dafür eingesetzten Werthe (Capital und Arbeitsthätigkeit) ganz oder theilweise erfolglos einzubüßen, nennt man das geschäftliche Risico.

§ 72. Jeder, der neue Werthe erzeugen und also **erwerben will**, hat die **Pflicht**, das damit verbundene Risico zu tragen.

§ 73. Mithin ist nur Derjenige zum Erwerbe berechtigt, der das mit seiner Erzeugung neuer Werthe verbundene Risico übernimmt.

§ 74. Das Risico läßt sich aber auch auf einen Andern übertragen, dem alsdann für die Uebernahme desselben, also für eine Leistung, eine Gegenleistung zu gewähren ist. (§ 21.)

§ 75. Die Gegenleistung für die Uebernahme des Risico nennt man die Risico=Prämie.

§ 76. Wer nichts als seine **Arbeitsthätigkeit** hat, um das Risico zu tragen, muß — wenn er das Risico nicht selber tragen kann oder will, — Demjenigen, der ihm das Risico abnimmt, die Risico=Prämie mit einem **Theil seiner Arbeitsthätigkeit** gewähren.

§ 77. Wer also das Risico einem Andern **überträgt**, kann — falls die Erzeugung neuer Werthe gelingt, — von diesen Werthen **nicht denselben**, sondern nur einen geringeren Antheil beanspruchen, als er für seine **ganze Arbeitsthätigkeit** bekommen müßte, wenn er die Risico=Prämie nicht mit einem **Theile seiner Arbeitsthätigkeit an den Uebernehmer** des Risico zu zahlen gehabt hätte.

§. 78. Dagegen hat er auch — im Fall die Erzeugung neuer Werthe mißlingt, — den Vortheil, daß er von seiner **ganzen Arbeitsthätigkeit einen größeren Ertrag** bezieht, als ihm zustehen würde, wenn er das Risico selber getragen hätte.

§ 79. Aus der Pflicht des Risico und der Uebertragbarkeit desselben ergibt sich für **Productionsgeschäfte**, bei denen zur Erzeugung der neuen Werthe **mehre Arbeitskräfte** vereint zu wirken haben, also namentlich für die **industriellen Unternehmungen**, das **Verhältniß des Arbeitslohns zum Unternehmergewinn**.

Titel 8.
Vom Arbeitslohn.

§ 80. Wer nur mit Arbeitskraft ausgerüstet ist, befindet sich in der Nothwendigkeit, dieselbe sofort verwerthen zu müssen, um seine Lebensbedürfnisse (§ 5) bestreiten zu können. Er ist also außer Stande, das Risico zu tragen, und er muß seine Arbeitsthätigkeit für einen festen Arbeitslohn verwerthen, d. h. Lohnarbeiter sein.

§ 81. Wer dagegen außer seiner Arbeitskraft noch mit Capital (§ 63) versehen ist, also Werthe besitzt, mit denen er bis zur Herstellung und Verwerthung der neu zu erzeugenden Werthe seine eignen und seiner Mitarbeiter Lebensbedürfnisse bestreiten kann, — der ist auch im Stande, das Risico nicht nur für sich selbst zu tragen, sondern auch seinen Arbeitern gegen Empfang ihrer Risico-Prämien abzunehmen. — Er ist Unternehmer des Productionsgeschäfts; und sein Antheil an den neu erzeugten Werthen setzt sich zusammen aus den Antheilen für die Arbeitsthätigkeit seiner Person und die Erzeugungsthätigkeit seines Capitals, welche beiden Antheile seinen Unternehmerverdienst bilden, — sowie aus den Antheilen seiner Lohnarbeiter, welche ihm von ihnen als Risico-Prämien gewährt sind, und welche seinen Unternehmergewinn ausmachen.

§ 82. Derjenige Antheil von dem Ertrage der ganzen Arbeitsthätigkeit der Lohnarbeiter, welchen sie für die Befreiung vom Risico als Prämie dem Unternehmer zu gewähren haben, läßt sich nicht messen, da sich der ganze Ertrag des Unternehmens nicht eher messen läßt, als bis das Productionsgeschäft durch den Absatz der erzeugten neuen Werthe abgewickelt, das Risico also schon getragen worden ist.

§ 83. Für die Höhe der von den Lohnarbeitern zu gewährenden Risico-Prämie, durch welche Höhe wieder die Höhe des festen Arbeitslohns bedingt wird, muß daher die Größe des Risico maßgebend sein; und dadurch wird der Preis der Arbeitsthätigkeit oder der Arbeitslohn demselben Gesetze unterworfen, welches für den Preis der Leistungen überhaupt als Regulator dient, nämlich dem Gesetz des Angebots und der Nachfrage (Titel 3).

§ 84. Mit dem Angebot eines Products vermehrt sich das Risico bei seiner Production, also auch die Risico-Prämie für dieselbe; dadurch wird der Arbeitslohn niedriger. — Und damit stimmt denn genau überein, daß der Arbeitslohn auch niedriger wird, weil das Angebot des Products wieder das Angebot der zur Herstellung desselben nöthigen Arbeitsthätigkeit zur Folge hat, und dies Angebot den Preis der Arbeitsthätigkeit herabdrückt.

Umgekehrt: Mit der Nachfrage nach einem Product vermindert sich das Risico bei seiner Production, also auch die Risico-Prämie für dieselbe; dadurch wird der Arbeitslohn höher. — Und damit stimmt denn wieder genau überein, daß der Arbeitslohn auch höher wird, weil die Nachfrage nach dem Product die Nachfrage nach der zur Herstellung desselben nöthigen Arbeitsthätigkeit zur Folge hat, und diese Nachfrage den Preis der Arbeitsthätigkeit steigert.

§ 85. Nach dem Vorstehenden ist der feste Arbeitslohn also gar nichts Anderes, als der dem Arbeiter für seine Arbeitsthätigkeit zustehende ganze Antheil an dem Ertrage des Arbeitsproducts, abzüglich der dem Geschäftsunternehmer zustehenden Prämie für das von ihm allein übernommene Risico, mit dessen Vermehrung der Arbeitslohn niedriger, und mit dessen Verminderung er höher wird. —

Titel 9.
Von der Leistungsfähigkeit.

§ 86. Die Leistungsfähigkeit des Menschen, welche in seiner geistigen und körperlichen Arbeitskraft liegt, ist theils eine blos persönliche, theils eine blos sachliche, theils eine sachlich-persönliche.

§ 87. Die blos persönliche Leistungsfähigkeit besteht in der Bereitschaft der persönlichen — geistigen oder körperlichen — Kräfte zur Gewährung von Leistungen. — Z. B. ist die Regierung des Pflugs eine blos persönliche Leistung.

Man sagt bei der persönlichen Leistung: „Der Mensch arbeitet selbst!"

§ 88. Die blos sachliche Leistungsfähigkeit besteht in dem Besitz von Werthen, durch deren Hingabe die Leistung effectuirt wird. — Z. B. ist der Besitz, resp. die Hingabe von Saatkorn an einen Andern behufs des Aussäens eine blos sachliche Leistung.

Man sagt bei der sachlichen Leistung: „Der Mensch läßt sein Capital arbeiten!"

§ 89. Die sachlich=persönliche Leistungsfähigkeit besteht in der Verbindung beider Arten von Leistungsfähigkeiten, indem die persönlichen Kräfte bereit sind, mit Hilfe bereiter Werthe als Mittel zur Erzeugung neuer Werthe das Leistungsobject zu schaffen. — Z. B. ist das Pflügen des Ackers oder das Aus=streuen des Saatkorns eine sachlich=persönliche Leistung.

Man sagt bei der sachlich=persönlichen Leistung: „Der Mensch arbeitet mit seinem Capital!"

§ 90. Da nur Leistungen zum social=berechtigten Er=werbe führen können (§ 67), so fällt die Leistungsfähigkeit mit der Erwerbsfähigkeit zusammen, und jede Leistungs=gewährung ist eine Erwerbsthätigkeit.

§ 91. Die persönliche Leistungsfähigkeit des Men=schen hängt ab von dem Zustande seines Körpers und Geistes.

Sie tritt stets erst mit einem gewissen Lebensalter ein und endet manchmal schon mehre Jahre vor dem Tode wegen Kraftmangels.

Auch während ihrer natürlichen Dauer kann sie durch Krank=heit zeitweise unterbrochen oder durch Unglücksfälle für immer vernichtet werden.

§ 92. Als höchste Dauer der persönlichen Leistungsfähig=keit eines Menschen läßt sich die Zeit von seinem 18. bis 65. Le=bensjahre, also 47 Jahre, annehmen.

§ 93. Die durchschnittliche Dauer der persönlichen Lei=stungsfähigkeit des Menschen abstrahirt man von der durchschnitt=lichen Dauer des Menschenlebens, in Verbindung mit der höchsten Dauer desselben und der höchsten Dauer der Lei=stungsfähigkeit.

Da die höchste Lebensdauer auf 70, die höchste Dauer der Leistungsfähigkeit auf 47 Jahre (§ 92), die durch=schnittliche Lebensdauer aber auf 30 Jahre angenommen wird, so ergeben sich als durchschnittliche Dauer der Leistungs=fähigkeit 20 Jahre. Denn $70 : 47 = 30 : circa\ 20$. —

§ 94. Die Dauer und Sicherheit der sachlichen Lei=

stungsfähigkeit hängt ab von der Dauer und Sicherheit der Werthe, durch welche die Leistungsfähigkeit begründet wird.

§ 95. Die dauerndste und sicherste sachliche Leistungsfähigkeit hat der Besitzer des fruchtbaren Erdreichs oder des Mutterguts (§ 7), welches hiernach nicht blos der höchste aller Werthe ist (§ 8), sondern auch der dauerndste und sicherste.

§ 96. Die sachliche Leistungsfähigkeit der Eigenthümer von Geld-Capitalien, gewöhnlich Capitalisten genannt, steht der der Muttergutsbesitzer an Dauer fast gleich, an Sicherheit aber weit nach, da Capitalien entwendet und vernichtet werden können.

§ 97. Von viel geringerer Dauer und Sicherheit ist die sachliche Leistungsfähigkeit der Eigenthümer von Gebäuden, da diese der Abnutzung unterliegen und der Vernichtung ausgesetzt sind.

§ 98. Die größere oder geringere Allgemeinheit der sachlichen Leistungsfähigkeit hängt ab von der größeren oder geringeren Zahl der Wertharten, die durch die Werthe, welche die Leistungsfähigkeit begründen, hervorgebracht werden können.

§ 99. Daher ist die sachliche Leistungsfähigkeit der Gemeinschaft der Muttergutsbesitzer die allgemeinste, weil das Muttergut der Urquell aller Werthe ist. (§ 8.)

Beschränkt, weil nur auf die Hervorbringung gewisser Wertharten angewiesen, ist die sachliche Leistungsfähigkeit des einzelnen Muttergutsbesitzers.

§ 100. Auch die sachliche Leistungsfähigkeit der Eigenthümer von Geld-Capitalien ist eine durchaus allgemeine, da das Geld Anweisung auf alle Arten von Leistungen ist. (§§ 28. 31.)

§ 101. Am beschränktesten ist die sachliche Leistungsfähigkeit der Eigenthümer von Gebäuden, da diese nur eine Art von Leistungen zu gewähren im Stande sind, nämlich die Vermiethung von Räumlichkeiten zum Wohnen, Geschäftsbetriebe, Lagern von Waaren rc.

§ 102. Die Dauer, Sicherheit und Allgemeinheit der sachlich-persönlichen Leistungsfähigkeit hängt ab von der Dauer, Sicherheit und Allgemeinheit der sachlichen Leistungsfähigkeit in Verbindung mit der Dauer und Allgemeinheit der persönlichen.

§ 103. Der **Nutzungswerth** eines leistungsfähigen Werth-objects besteht aus der Summe der neuen Leistungen, die es mittels der sachlich-persönlichen Leistungsfähigkeit, also während der durchschnittlichen Dauer der persönlichen Leistungs-fähigkeit, d. h. in 20 Jahren (§ 93), gewähren kann.

§ 104. Da die sachliche Leistungsfähigkeit bei manchen Werthobjecten, z. B. dem fruchtbaren Erdreich, den Gebäuden u. dgl. m., nicht zu allen Zeiten gleich ist, so gibt es bei solchen Werthobjecten einen niedrigsten (Minimal-), mittleren und höchsten (Maximal-) Nutzungswerth.

§ 105. Der Nutzungswerth eines solchen leistungsfähigen Werthobjects, welches vorzugsweise zur Hervorbringung neuer Werthe bestimmt ist, heißt auch der Capitalwerth des Werth-objects, weil dergleichen Werthobjecte Capital genannt werden (§ 63).

§ 106. Der Capitalwerth eines Grundstücks besteht hiernach aus dem zwanzigfachen Betrage seines jährlichen Reinertrags.

§ 107. Jeder Eigenthümer eines Capitalwerthobjects kann auf Höhe des Nutzungswerths desselben Anweisungen ausgeben, die indeß erst durch das Münzgepräge der Staats-gewalt Geld werden können (§§ 36—38).

§ 108. Die Dauer und die Sicherheit solcher Anweisungen, von welcher ihre Annahme im Verkehr abhängt, richtet sich nach der Dauer und Sicherheit der sachlich-persönlichen Leistungsfähigkeit (§ 31) der Aussteller.

Daher ist das dauerndste und sicherste Scheingeld (§ 42 Absatz 2) dasjenige, welches durch das Muttergut fundirt ist (§§ 33 und 95); dann folgt bezüglich der Dauer und Sicherheit das durch Edelmetall gedeckte (§ 96), sodann das durch Gebäude fundirte (§ 97), hierauf das, welches seine Deckung in Waaren suchen möchte (z. B. die periodisch ausgegebenen preußischen Darlehnskassenscheine), endlich das blos durch den persönlichen Credit fundirte Creditgeld.

Titel 10.
Vom socialen Staate.

§ 109. Unter **Staat** verstehen wir die Gemeinschaft der innerhalb eines abgegrenzten Raumes der Erde (des Landes) wohnenden Menschen, welche sich durch besondere Satzungen (das Gesetz) verbunden haben, um mittels der Vortheile der Gemeinsamkeit den Zweck des Lebens (§ 1) leichter, sicherer und umfassender erreichen zu können.

§ 110. Diese Gemeinschaft, welche alle in dem Lande dauernd wohnenden Menschen — Männer, Weiber und Kinder (das Volk) — umfaßt, wird in erster Linie repräsentirt von allen dispositionsfähigen Männern, den Staatsbürgern im engeren Sinne, deren Beruf es ist, als Häupter der Familie für die Erhaltung und den Rechtsschutz ihrer Weiber und Kinder zu sorgen.

§ 111. Da die Staaten unsrer Zeit viel zu groß sind, als daß sich alle Staatsbürger zur Erfüllung ihrer Pflicht, die Interessen des Staates wahrzunehmen, auf einem Raume versammeln könnten; so wird die den Staat bildende Gemeinschaft in zweiter Linie repräsentirt von einer gewissen Anzahl durch die Staatsbürger erwählter Vertreter.

§ 112. Die Staatsregierung ist als Verwaltungsbehörde die Beauftragte der Gemeinschaft und nicht mit dem Staate selbst zu verwechseln.

§ 113. Aus dem Zwecke des Staates (§ 109) geht hervor, daß dieser Letztere verpflichtet ist, durch die vorzugsweise ihm möglichen Institutionen dafür zu sorgen, daß allen Staatszugehörigen der Genuß des Lebens dem Rechte gemäß, nämlich im Verhältniß der aus ihrer Leistungsfähigkeit und Erwerbsthätigkeit entspringenden Berechtigung dazu, so leicht, sicher und umfassend wie möglich zu theil werde.

Titel 11.
Vom socialen Wohl- und Nothstande.

§ 114. Das Muttergut (§ 7) der Erde im Verhältniß zu ihrer gegenwärtigen Bevölkerung ist — Mißjahre miteingerechnet! — im Stande, mittels der Leistungsfähigkeit und Erwerbsthätigkeit aller leistungsfähigen Menschen stets so viele Werthe (§ 5) zu erzeugen, daß selbst auf die geringste normale Leistungsfähigkeit ein etwas größerer Erwerb fällt, als zum nothdürftigen Lebensunterhalte des Erwerbsthätigen erforderlich ist.

Mit andern Worten heißt dies: die Erde ist noch nicht übervölkert.

§ 115. Steht diese Thatsache fest, so ist jeder Leistungsfähige und Erwerbsthätige im Stande, an Werthen so viel zu erwerben, daß ihm auch für den Eintritt zeitweiser oder dauernder Erwerbsunfähigkeit die zur Erhaltung seines Lebens nothwendigen Mittel verbleiben.

§ 116. Einen solchen Zustand (§§ 114 u. 115) des allgemeinen Erwerbs betrachtet man als allgemeinen socialen Wohlstand.

Die Vorbedingungen dazu sind also vorhanden.

§ 117. Mißernten und sonstige Landes-Calamitäten können manchmal an einzelnen Stellen der Erde Mangel an Lebensbedürfnissen erzeugen und so einen partiellen oder localen Nothstand begründen.

Allein derselbe verliert jede Bedeutung, wenn die gegenwärtig bekannten Communicationsmittel sich in vollkommenem Zustande befinden, und die Institutionen der Staaten auf das Eintreten solcher partiellen oder localen Nothstände berechnet sind, — zwei Bedingungen, auf deren Erfüllung eine gute Staatsverwaltung bedacht sein muß.

§ 118. Mangelt es einer Anzahl von Menschen, ungeachtet ihrer Leistungsfähigkeit und Erwerbsthätigkeit, an den derselben entsprechenden Lebensbedürfnissen, so ist für sie ein materieller Nothstand vorhanden.

§ 119. Tritt ein solcher Nothstand ein, trotzdem die Vorbedingungen zum allgemeinen socialen Wohlstande vorhanden sind (§§ 114—116), so ist dies ein Zeichen, daß, infolge besonderer, in der Gesellschaft herrschender Umstände jene Anzahl von Menschen weniger erwirbt, als sie verdient, also übervortheilt wird (§§ 68 u. 69).

§ 120. Wenn aber eine Anzahl von Menschen weniger erwirbt, als sie verdient, so folgt daraus mit logischer Nothwendigkeit, daß eine andere Anzahl von Menschen vorhanden sein muß, welche mehr erwirbt, als sie verdient, also die erstere Anzahl von Menschen übervortheilt (§§ 68 u. 69).

§ 121. Ist die übervortheilte Anzahl von Menschen die Mehrzahl, also die übervortheilende die Minderzahl, so ist der materielle Nothstand ein allgemeiner, der seine

Ursache nur in antisocialen, d. h. volkswirthschaftswidrigen Institutionen der staatlichen Gemeinschaft haben kann.

Titel 12.
Von der Erwerbsunfähigkeit.

§ 122. Die Erwerbsunfähigkeit der Menschen kann dreifacher Art sein: nämlich entweder erst nach Ablauf einer gewissen Zeit der Erwerbsthätigkeit infolge von Krankheit, Unglücksfällen oder zu hohem Lebensalter eintreten, oder aber wegen Mangels des zur Erwerbsthätigkeit nöthigen Lebensalters bestehen, oder endlich wegen' steten Mangels des zur Erwerbsthätigkeit erforderlichen Körper- oder Geisteszustandes vorhanden sein.

§ 123. Diejenigen, bei denen die Erwerbsunfähigkeit erst nach Ablauf einer gewissen Zeit der Erwerbsthätigkeit infolge von Krankheit, Unglücksfällen oder zu hohem Lebensalter eintritt, nennen wir die Invaliden; und es ist bei ihnen zu unterscheiden, ob die Erwerbsunfähigkeit nur zeitweise (wie bei der Krankheit) oder dauernd bis zum Lebensende besteht.

§ 124. Die Invaliden haben an den socialen Staat einen Rechtsanspruch auf die ihrer früheren Erwerbsthätigkeit angemessenen Subsistenzmittel, wenn sie während der Zeit ihrer Erwerbsthätigkeit dazu beigetragen haben, sich solchen Anspruch zu erwerben. Wenn nicht, — nicht!

§ 125. Diejenigen, deren Erwerbsunfähigkeit aus dem Mangel des nöthigen Lebensalters entspringt, sind die Unerwachsenen, bei denen zu unterscheiden ist, ob sie einen zu ihrer Ernährung und Ausbildung verpflichteten Verwandten besitzen oder nicht, in welchem letzteren Falle nur wir sie Waisen nennen wollen.

§ 126. Da es im eignen Interesse des socialen Staates liegt, möglichst viel erwerbsfähige Bürger zu zählen, so haben die Waisen an den Staat einen in diesem Interesse begründeten Anspruch auf die zu ihrer Ernährung und Ausbildung nothwendigen Mittel.

§ 127. Diejenigen, deren Erwerbsunfähigkeit in dem Mangel des zur Erwerbsthätigkeit nothwendigen normalen Körper- oder Geisteszustandes begründet ist, als da sind: Krüppel, Blödsinnige 2c., nennen wir Arme; — denn andere Arme als diese kann es in einem social wohlorganisirten Staate nicht geben.

§ 128. Die Armen haben an den socialen Staat weder einen im Recht noch im Staatsinteresse begründeten Anspruch auf Gewährung der nothdürftigen Subsistenzmittel; allein sie haben an den civilisirten Staat einen in der Humanität begründeten Anspruch darauf.

Capitel II.
Die Leistungen ohne Gegenleistung.
Titel 1.
Von der Rente im allgemeinen.

§ 1. Wenn ein Theil des Volkes von dem andern Leistungen empfängt, ohne ihm dafür die Gegenleistung zu gewähren, so erwirbt jener etwas, was er nicht verdient, und dieser verdient etwas, was er nicht erwirbt. (I. 66—69.)

§ 2. Werden die Leistungen ohne Gegenleistung fortgesetzt gewährt, so wird der Theil des Volkes, der sie empfängt, immer mehr bereichert, während der Theil des Volkes, der sie zu gewähren hat, immer mehr verarmt.

§ 3. Da nur Derjenige verdient, der erwerbsthätig ist (I. 67.), so ist Derjenige, welcher etwas erwirbt, ohne es zu verdienen, für den Betrag des Erworbenen erwerbsunthätig oder ein Müßiggänger im socialen Sinne.

§ 4. Diejenigen Leistungen, welche Jemand aus einem Verkehrsverhältnisse empfängt, ohne zu der entsprechenden Gegenleistung verpflichtet zu sein, sind ein fauler Erwerb des Empfängers und heißen für ihn Renten.

Die Empfänger solcher Renten sind in Höhe des Betrages derselben Rentiers.

Es kann daher Jemand nichts als Rentier, aber auch nur zum theil Rentier sein, Letzteres nämlich insoweit er außer der Rente auch noch Erwerb aus einer eignen Erwerbsthätigkeit zieht.

§ 5. Jeder Rentier übervortheilt die erwerbsthätigen Volksklassen (I. 69.) in Höhe des Betrages seiner Rente.

§ 6. Durch die Rente wird eine immer größere Verarmung der erwerbsthätigen Mehrzahl und eine immer größere Bereicherung der erwerbsunthätigen Minderzahl herbeigeführt, oder mit andern Worten: mittels der Rente werden die vielen erwerbsthätigen Volksklassen zu gunsten der wenigen erwerbsunthätigen ausgesogen. (§ 2.)

§ 7. Die Rente, als Leistung ohne Gegenleistung die größte aller socialen Verkehrtheiten, aber durch die Macht der Gewohnheit geheiligt, ist die Folge von Verkehrs-Institutionen, welche die erwerbsthätigen Volksklassen in die Nothwendigkeit versetzen, einen Theil ihres Verdienstes den erwerbsunthätigen als Rente abzugeben, ohne die entsprechende Gegenleistung empfangen zu können.

Diese Institutionen des Verkehrs sind der Pfandzins und die Creditwährung.

Titel 2.
Vom Pfandzins im allgemeinen.

§ 8. Unter dem Pfandzins im allgemeinen verstehen wir die jährlich sich wiederholenden Geldleistungen, welche die Eigenthümer von Geldcapitalien dafür empfangen, daß sie ihre Capitalien pfandsicher, d. h. ohne die Uebernahme irgend eines Risico, und doch erwerbbringend angelegt haben.

§ 9. Eine solche pfandsichere Anlegung von Capitalien ist keine Leistung, da sie weder eine Arbeitsthätigkeit noch die Uebernahme eines Risico in sich schließt (I. 73.), — welches Letztere eben durch die Pfandsicherheit aufgehoben wird.

§ 10. Die pfandsichere Anlegung eines Capitals ist nur der Umtausch des Besitzes zweier gleichen Werthe (des Capitals und des Versicherungs- oder Pfandobjects) für eine gewisse Zeit, nach Ablauf welcher der Rücktausch, also auch die Rückgabe des unverkürzten und unverletzten, in seinem Werthe unangetasteten Capitals erfolgt.

§ 11. Wenn also der Eigenthümer eines pfandsicher angelegten Capitals von dem Eigenthümer des Pfandobjects für die Dauer des Besitzumtausches (§ 10) eine fortgesetzte Geldleistung (den Pfandzins) empfängt, so fehlt es seinerseits an der Gegenleistung dafür, und er hat also in dem Pfandzinse einen social unberechtigten Erwerb, nämlich eine ihm gewährte Leistung ohne Gegenleistung. (I. 21.)

§ 12. Es ist ein Irrthum, wenn man die pfandsichere Anlegung eines Capitals als eine sachliche Leistung betrachtet, indem man sagt: der Eigenthümer des Capitals lasse dasselbe — in den Händen des zeitweiligen Besitzers — arbeiten. (I. 88.)

Eine sachliche Leistung ist es schon deswegen nicht, weil die Anlegung des Capitals mit keinem Risico verbunden ist. (I. 73.)

Auch ist es in Wahrheit nicht das Capital, welches arbeitet, sondern das Versicherungsobject, weil bei dieser Arbeit nur das Letztere risfirt wird, indem es beim Mißlingen der Arbeit seinem Eigenthümer verloren geht, während der Eigenthümer des Capitals durch Verwerthung des ihm alsdann verfallenen Versicherungsobjects wieder in den Vollbesitz seines Capitals gelangt.

Titel 3.
Vom Hypothekenzins.

§ 13. Wenn bei der pfandsicheren Anlegung eines Capitals das Versicherungs- oder Pfandobject in immobilen Werthen (Muttergut oder Gebäuden) besteht, so ist das Capital hypothekarisch oder auf Hypothek, d. h. mittels der bloßen Pfandverschreibung, angelegt, und der Pfandzins, der dem Eigenthümer des Capitals von dem Eigenthümer der verpfändeten Immobilien entrichtet wird, heißt alsdann Hypothekenzins.

§ 14. Beim Hypothekenvertrage haftet das Pfandobject nicht nur für die volle Rückzahlung des Capitals, sondern auch für die regelmäßige Zahlung des Hypothekenzinses nach dem vereinbarten Procentsatze, (gegenwärtig meist 4 bis 6 von jedem Hundert des Capitals).

§ 15. Nimmt man den Procentsatz (Zinsfuß) nur zu 5 vom Hundert an, so wird in den Hypothekenzinsen alle zwanzig Jahre das Capital zurückgewährt, das man dem Eigenthümer gleichwohl noch schuldig bleibt.

Welche großen Summen alljährlich in der Welt an Hypothekenzinsen, also als Leistungen ohne Gegenleistung,

folglich als Abgaben von dem Verdienste der erwerbsthätigen
Volksklassen, an die Rentiers gezahlt werden müssen, wird man
sich leicht überschlagen können, wenn man z. B. weiß, daß die
Summe, welche die Hauseigenthümer Berlins an Hypothe=
kenzinsen zu zahlen haben, jährlich zehn Millionen Thaler
beträgt.

Titel 4.
Vom Fondszins.

§ 16. Unter Fonds versteht man diejenigen Schuldver=
schreibungen, welche von Staaten oder sonstigen Gemeinwesen
für empfangene Geldcapitalien ausgestellt sind, deren Rückzah=
lung durch generelle Verpfändung des Vermögens der Staa=
ten ic. gesichert ist.

§ 17. Den Pfandzins (§ 8), welcher hierfür den Eigen=
thümern der Capitalien von den Staaten ic. gezahlt wird, nen=
nen wir den Fondszins.

§ 18. Die Anlegung eines Capitals in Fonds ist eine
eben so pfandsichere wie die auf Hypotheken. Denn zu der
Sicherheit, die sich aus dem verpfändeten Vermögen des Staates
oder sonstigen Gemeinwesens ergibt, gesellt sich noch als Versiche=
rungsobject die Steuerkraft der Staatszugehörigen, resp. die
Beisteuerkraft der Glieder des Gemeinwesens unter solidari=
scher Haftbarkeit.

§ 19. Nur für den seltenen, aber freilich nicht unmöglichen
Fall eines durch liederliche Finanzwirthschaft herbeigeführten Ban=
kerotts des Staates oder Gemeinwesens tragen die Besitzer der
Fonds ein Resico.

Da indeß eine solche liederliche Finanzwirthschaft in einem
social wohlgeordneten Gemeinwesen nicht vorkommen kann, so ist
dies Risico hier nicht weiter in betracht zu ziehen.

§ 20. Auch die in Fonds angelegten Capitalien werden
in den Fondszinsen in Zeiträumen von 20 bis 25 Jahren
zurückgewährt, ohne daß der Aussteller der Fonds (Staat
oder sonstiges Gemeinwesen) seiner Schuld dadurch ledig wird.

Welche großen Summen alljährlich in der Welt an Fonds=
zinsen, also wieder an Leistungen ohne Gegenleistung,
folglich als Abgaben von dem Verdienste der erwerbsthätigen

Vollsklassen, an die Rentiers gezahlt werden müssen, ergibt sich aus der Thatsache, daß die Zinsen für die preußische Staatsschuld jährlich fünfundzwanzig Millionen Thaler ausmachen.

Titel 5.

Vom Gemeingutzins.

§ 21. Unter dem Gemeingut verstehen wir diejenigen Institute, welche für den allgemeinen Verkehr unerläßlich nothwendig sind, durch die allgemeine Benutzung seitens des Volkes ertragsfähig werden, und theils aus mobilen, theils aus immobilen Werthen (Grund und Boden, Gebäuden) bestehen.

Es sind dies die sogenannten gemeinnöthigen Institute, wozu vorzugsweise die öffentlichen Communicationsmittel, wie Posten, Eisenbahnen, Telegraphen, Canäle, Brücken, Chausséen 2c., gehören.

§ 22. Derjenige Theil des Ertrages dieser gemeinnöthigen Institute, welcher über die Herstellungs-, Erhaltungs- und Betriebskosten hinausgeht, und der jetzt meist den aus Privatgesellschaften bestehenden Unternehmern als Zinsen und Dividenden zu gute kommt, ist kein Verdienst im richtigen Verstande, weil durch die Gemeinnöthigkeit der Institute und die deshalb zur Vermeidung einer ruinirenden Concurrenz nothwendig werdende Monopolisirung derselben, bei ihrer Anlage und ihrem Betriebe jedes Risiko in Wegfall kommt. Dieser Theil des Ertrages ist eben nur ein Gewinn, eine von den Benutzern der Institute gewährte Leistung, für welche sie keine Gegenleistung empfangen; er ist eine bloße Rente wie der Pfandzins überhaupt; und wir nennen ihn daher auch den Gemeingutzins um so mehr, als er deshalb unter den Begriff des Pfandzinses fällt, weil das für die Herstellung solcher Institute nöthige Capital, bis zu seiner Amortisirung aus dem Ertrage, in den mobilen und immobilen Werthen derselben (§ 21) seine Deckung hat.

§ 23. Diese Deckung, in Verbindung mit der Gemeinnöthigkeit und dem Monopol der Institute, verleihen den für ihre Herstellung eingesetzten Capitalien die Pfandsicherheit.

§ 24. Der Gemeingutzins ist ein sehr wesentlicher Theil des Erwerbs der Rentiers (§ 4), also eines Erwerbs ohne Verdienst, eine Leistung ohne Gegenleistung.

Welche großen Summen alljährlich an solchem Gemeingutzins, mithin wiederum als Abgaben von dem Verdienste der erwerbsthätigen Volksklassen, an die Rentiers gezahlt werden, kann man aus den Zinsen und Dividenden der Eisenbahn-Actionäre ermessen.

Titel 6.
Von der Creditwährung.

§ 25. Unter der Creditwährung — einem Ausdrucke, der nach Analogie der Worte Goldwährung und Silberwährung gebildet ist, — verstehen wir die Geldgeltung eines solchen Scheingeldes, welches durch keinen vorhandenen Werth gedeckt, also auch keine Anweisung auf eine gesicherte Leistung ist, sondern nur eine Anweisung auf eine versprochene unsichere, und welches daher einzig und allein durch den Credit des Münzausgebers fundirt ist, weshalb wir es auch Creditgeld nennen. (I. 30 u. 108.)

§ 26. Unter den Begriff der Creditwährung fallen vorzugsweise die Kassenscheine aller Art, namentlich auch Banknoten, — soweit dieselben nicht durch wirkliche Werthe gedeckt sind.

Das Letztere ist bei den Noten auch der bestorganisirten Banken meist nur zur Hälfte der ausgegebenen Summe der Fall.

§ 27. Die Ausgabe der Creditwährung als Geld schließt ebenfalls den Empfang einer Leistung ohne Gewähr der Gegenleistung ein. — Derjenige, der das Creditgeld als Zahlung für eine Leistung annimmt, gewährt dem Münzausgeber eine Leistung, für welche ihm dieser die Gegenleistung blos verspricht.

§ 28. Wirklich gewährt aber wird die Gegenleistung entweder gar nicht, — wenn nämlich der Münzausgeber fallit wird; — oder sie wird von ihm später und erst dann gewährt, wenn die früher empfangene Leistung in den mit ihr geschaffenen neuen Werthen ihm die Mittel dazu gegeben hat.

In beiden Fällen sind keine Werthe riskirt worden.

§ 29. Die Creditwährung ist also ein Capital, welches ohne jegliches Risico für den Ausgeber desselben in den Verkehr geworfen wird, um zu seinen gunsten neue Werthe zu erzeugen.

§ 30. So weit dies Capital dabei verloren gehen kann, geht es Denen verloren, welche das Creditgeld in Händen haben, nämlich den erwerbsthätigen Klassen, nicht aber Dem, der es ausgab, nämlich dem creditbesitzenden Capitalisten.

Während diesem allein und ohne Risico der Vortheil der Creditwährung zufließt, tragen jene ohne allen Vortheil davon den einzigen Nachtheil desselben, nämlich das Risico.

Insofern das Creditgeld Anweisung auf eine blos versprochene unsichere, also eventuell nicht gewährbare Leistung ist, für welche bei seiner Ausgabe reelle Leistungen eingetauscht werden, ähnelt es in seinen möglichen Folgen dem Falschgelde in dessen Eigenschaft als Anweisung auf eine vorgespiegelte, niemals gewährbare Leistung; — und eben wegen dieser Analogie mit der Falschmünzerei nennen wir die Schaffung des Creditgeldes oder der Creditwährung — Freimünzerei.

§ 31. Aus dem Vorstehenden folgt, daß der ganze durch die Ausgabe von Creditwährung erzielte Ertrag kein Verdienst, sondern ein bloßer Gewinn (§ 22) ist, der den erwerbsthätigen Klassen, die ihn unter eigenem Risico erzeugen, als wohlberechtigter Erwerb allein gebührt, der ihnen aber zu gunsten der Creditbesitzer ganz entzogen wird! —

§ 32. Aller Ertrag der Creditwährung ist mithin gleichfalls unberechtigte Rente.

Titel 7.
Von den Folgen der Rente.

§ 33. Durch die beiden zum Unheil der erwerbsthätigen Menschheit bestehenden Institutionen des Pfandzinses und der Creditwährung wird das normale Verkehrsverhältniß, behufs Ausbeutung der erwerbsthätigen Klassen durch die Rentiers, gradezu auf den Kopf gestellt.

§ 34. Das normale Verkehrsverhältniß erfordert:

1) daß der Eigenthümer eines pfandsicher angelegten Capitals, da er weder arbeitet noch riskirt, also weder eine persönliche noch eine sachliche Leistung gewährt, auch keine Leistung, also keinen Erwerb zu beanspruchen hat (I. 21);

2) daß hingegen Jedermann, der entweder arbeitet oder

riskirt, einen berechtigten Anspruch auf die dadurch erzeugten Werthe als seinen Verdienst hat, und diese Werthe auch erwirbt (I. 66—68).

§ 35. In dem Pfandzins nun wird dem Eigenthümer eines pfandsicher angelegten Capitals eine Leistung gewährt, auf die er keinen Anspruch hat, die also Demjenigen, welchem sie zukommt, verloren geht. — Das normale Verkehrsverhältniß (§ 34 Nr. 1) ist folglich auf den Kopf gestellt.

§ 36. Durch die Creditwährung hingegen wird Denjenigen, welche ihr Capital riskiren, nämlich den Inhabern des Creditgeldes (§ 30), die Leistung, auf welche sie Anspruch haben, nicht gewährt, indem sie den Creditbesitzern (§ 31), denen sie nicht zusteht, zu gute kommt. — Das normale Verkehrsverhältniß (§ 34 Nr. 2) ist folglich ebenfalls auf den Kopf gestellt.

§ 37. Infolge des Pfandzinses und der Creditwährung müssen Diejenigen, welche das Risico tragen und also die Risico-Prämie verdienen (I. 73 u. 75), dieselbe zahlen, während Diejenigen diese Risico-Prämie erhalten, welche kein Risico tragen, sie also auch nicht verdienen.

§ 38. Soll das normale Verkehrsverhältniß, dessen Umkehrung die Rente geschaffen und dadurch die Aussaugung der erwerbsthätigen Klassen zu gunsten der Rentiers bewirkt hat, wiederhergestellt werden, so sind Einrichtungen zu treffen, welche den Pfandzins und die Creditwährung — soweit die Rente derselben Einzelnen zu gute kommt, — unmöglich machen; und welche — soweit Pfandzins und Creditwährung der Allgemeinheit von Nutzen sein können, — die Rente derselben auch der Allgemeinheit zu gute kommen lassen. — Denn in diesem Falle allein fließt den erwerbsthätigen Klassen, welche das Risico tragen, auch die Risico-Prämie wieder zu.

Capitel III.
Die Ursachen des allgemeinen materiellen Nothstandes.

Titel 1.
Von den Symptomen des Nothstandes.

§ 1. Schon seit vielen Jahren macht sich in allen civilisirten Staaten der Erde ein die ganze Verkehrswelt hemmender, lähmender und verwirrender allgemeiner Nothstand geltend, der von Jahr zu Jahr anwächst.

§ 2. Ein solcher Nothstand des Staatskörpers ist — da die Vorbedingungen zum allgemeinen socialen Wohlstande auf Erden vorhanden sind (I. 116), — eine Krankheit so gut wie irgend eine von denen, die den menschlichen Körper heimsuchen, trotzdem in ihm die Vorbedingungen der Gesundheit vorhanden sind.

§ 3. Der allgemeine sociale Nothstand kündigt sein Dasein, wie die Krankheit des menschlichen Körpers, durch besondere Symptome (Erscheinungen) an.

§ 4. Solcher Symptome des allgemeinen socialen Nothstandes finden wir vorzugsweise folgende sieben vor: 1) Theuerung, 2) Lohn-Calamität, 3) Gehalts-Calamität, 4) Geschäftsstockung, 5) Arbeitsmangel, 6) Hypothekennoth, 7) Geld-Calamität.

§ 5. Das Symptom der Theuerung wird dadurch constatirt, daß die Menschen aller Erwerbs-Kategorien im allgemeinen darüber klagen, es würden die Lebensbedürfnisse von Monat zu Monat, von Jahr zu Jahr theurer, so daß die Mittel zu ihrer Beschaffung kaum mehr und höchstens noch unter Entbehrung aller Lebensannehmlichkeiten zu erwerben sind.

§ 6. Das Symptom der Lohn-Calamität wird constatirt durch die allgemeine Klage der Lohnarbeiter, daß sie zu viel Arbeitszeit verwenden müssen und dennoch ungenügenden Arbeitslohn erhalten. —

In der letzteren Klage ist allerdings schon die erstere enthalten, da der genügende Arbeitslohn schon eine normale (nicht zu lange) Arbeitszeit voraussetzt.

§ 7. Das Symptom der Gehalts-Calamität wird constatirt durch die Klage der überwiegenden Mehrzahl aller Beamten und Stelleninhaber über zu geringe Besoldung.

§ 8. Das Symptom der Geschäftsstockung wird constatirt durch die ganz allgemeine Klage aller Geschäftsleute (Handwerker, Fabrikbesitzer, Kaufleute ꝛc.), daß es ihren Geschäften an Kunden und ihren Waaren an Consumenten, also an Nachfrage und Absatz fehlt.

§ 9. Das Symptom des Arbeitsmangels wird constatirt durch die Klage eines großen Theils der Lohnarbeiter, Beamten und Stellensucher, daß sie keine Gelegenheit zur Erwerbsthätigkeit, also auch keine Gelegenheit zum Erwerb finden können.

§ 10. Das Symptom der Hypothekennoth wird constatirt durch die allgemeine Klage der Grundbesitzer, ländlicher wie städtischer, daß sie das Geld, welches ihnen zur Verbesserung ihrer Grundstücke behufs Vermehrung der Productivität derselben nöthig ist, nicht einmal mehr bekommen können, wenn sie auch ihre Grundstücke dafür verpfänden und obenein 5 oder 6 Procent Zinsen zahlen wollen; — ferner durch die Klage, daß ihnen diejenigen Capitalien, welche sie von früher her darauf geliehen, trotz der prompten Zinszahlung behufs Rückzahlung gekündigt werden, ohne daß sie andere zum Ersatz dafür erlangen können.

§ 11. Endlich das Symptom der Geld-Calamität wird dadurch constatirt, daß Diejenigen, welche die Fähigkeit besitzen, um erwerbbringende Geschäfte zu unternehmen, das dazu nöthige Geld nicht finden können, wenn sie auch von dem Ertrage des Geschäfts dem Geldgeber einen mehr als entsprechenden Erwerbsantheil aussetzen.

§ 12. Unter allen Kostgängern der Erde gibt es nur eine einzige Kategorie, welche keinen Grund zu irgend einer Klage hat, und bei der sich kein Symptom des Nothstandes zeigt, trotzdem sie nicht einmal zu den erwerbsthätigen Volksklassen gehört, sondern ganz im Gegentheile die einzige erwerbsunthätige bildet.

Diese Kategorie besteht aus den Rentiers (II. 4.), von denen man gewöhnlich sagt, daß sie „von ihrem Gelde leben", während sie in Wahrheit von dem Verdienste Anderer leben, nämlich von der Rente. (II. 7 u. 12.)

§ 13. Diese Rentiers stimmen wohl auch mit in die allgemeine Klage über die Theuerung ein, allein mit Unrecht, da für sie die Theuerung, welche in der Vermehrung der Geldmasse ihren Grund hat (l. 45 u. 46), nicht vorhanden ist, weil sich die Geldmasse in ihren Händen, und zwar nur in ihren Händen, verhältnißmäßig vermehrt hat. (l. 48.)

§ 14. Nicht klagen können die Rentiers über ungenügenden Arbeitslohn, denn sie arbeiten gar nicht; eben so wenig über Mangel an Gelegenheit zur Arbeit, denn sie lassen ja alle erwerbsthätigen Volksklassen für sich arbeiten; eben so wenig über Geschäftsstockung, denn sie betreiben keine Geschäfte; noch weniger über Hypothekennoth, denn die Hypothekennoth der Grundbesitzer stellt ihnen ja eine höhere Rente in Aussicht; endlich auch nicht über Geld-Calamität, denn sie sind ja Eigenthümer des größten Theils der vorhandenen Capitalien.

§ 15. Wenn nun also — mit Ausnahme der Rentiers, deren Zahl gegen die erwerbsthätigen Volksklassen eben so klein (etwa 1 : 10), wie ihr Erwerb gegen den der Letzteren groß ist (etwa 1 : 2), — alle Welt einen in der Wahrheit begründeten Anlaß zu einer allgemeinen und einer besonderen Klage hat über den gegenwärtigen materiellen Zustand, so wird durch diese Symptome das Vorhandensein eines allgemeinen materiellen Nothstandes zur genüge constatirt sein.

Titel 2.
Von den Ursachen des Nothstandes im allgemeinen.

§ 16. Auch gewisse Entstehungs- und Gelegenheits-Ursachen hat der allgemeine sociale Nothstand ebenso, wie die Krankheit des menschlichen Körpers, — Ursachen, welche eben die Symptome hervorrufen.

§ 17. Wenn man diesen Ursachen nachforscht, so findet man, daß alle Gelegenheitsursachen der verschiedenen Symptome des socialen Nothstandes eine und dieselbe Entstehungsursache haben, oder — was dasselbe sagt, — auf eine und dieselbe Quelle zurückzuführen sind; — wiederum ebenso, wie die verschiedenen Gelegenheitursachen der Krankheit-Symptome am menschlichen Körper auch in einer und derselben Entstehungsursache, nämlich in dem abnormalen Zustande des Blutes, ihre Quelle haben.

§ 18. Als die Entstehungsursache der verschiedenen Symptome des socialen Nothstandes wird man durch eine kurze Betrachtung und Untersuchung jedes einzelnen jener Symptome den abnormalen Zustand der Verkehrsverhältnisse, dieser Blutadern des socialen Staates, erkennen, indem man sieht, wie die Existenz des Pfandzinses und der Creditwährung die Rente ermöglichen, diese Rente aber alle jene Symptome hervorruft.

Titel 3.
Von der Theuerung.

§ 19. Das allmälige Steigen des Preises der Leistungen hat seine Entstehungsursache nicht in der Vermehrung der Bevölkerung, weil mit dieser Vermehrung auch eine verhältnißmäßige Vermehrung der Leistungsmasse eintritt; — sondern einzig und allein in der steten Vermehrung der vorhandenen Geldmasse. (I. 45 u. 46.)

§ 20. Eine solche Vermehrung der Geldmasse findet statt durch die stete Vermehrung der Fonds infolge der steten Vermehrung der öffentlichen Schulden (II. 16), sowie durch die stete Vermehrung der Gemeinguts-Actien infolge der Vermehrung der Communicationsmittel. (II. 21.)

Denn sowohl die Fonds als auch die Gemeinguts-Actien sind Werthpapiere, welche im Verkehr dieselben Functionen erfüllen, wie das Geld, durch welche also die Masse des Geldes vermehrt wird.

§ 21. Diese Vermehrung der Geldmasse erzeugt nun zwar eine Erhöhung des Preises der Leistungen (I. 45 u. 46); allein eine solche Preiserhöhung wäre keine Theuerung im absoluten Sinne, wenn die Vermehrung des Geldes verhältnißmäßig in den Händen Aller einträte. (I. 48.)

§ 22. Nur wenn die Geldvermehrung in den Händen Einzelner stattfindet, wird der durch die Geldvermehrung erhöhte Preis der Leistungen für die Andern, in deren Händen das Geld sich nicht vermehrt, ja sogar vermindert, zu hoch; oder — was alsdann dasselbe sagt — die Leistungen werden für sie zu theuer.

§ 23. Indem sich durch die Rente, d. h. durch die Leistungen, welche die erwerbsthätigen Volksklassen, mittels des

Pfandzinses (Hypothekenzins, Fondszins, Gemeingutzins) und der Creditwährung, den Rentiers zu gewähren haben, ohne die entsprechenden Gegenleistungen zu empfangen (Cap. 11); indem sich also durch diese Rente das Geld in den Händen der Rentiers, dieser kleinen Minderzahl, stetig vermehrte und noch vermehrt, in den Händen der erwerbsthätigen Volksklassen, dieser großen Mehrzahl, aber stetig verminderte und noch vermindert: ist es nur eine ganz natürliche Erscheinung, daß für diese erwerbsthätige Mehrzahl die Leistungen zu theuer geworden sind und von Jahr zu Jahr noch immer theurer werden. —

§ 24. Die Theuerung besteht daher nur für die erwerbsthätige Mehrzahl; sie besteht nicht für die Rentiers (§ 13); und die Entstehungsursache dieser Erscheinung ist die Rente.

Titel 4.
Von der Lohn- und Gehalts-Calamität.

§ 25. Wenn ein Theil der Menschen, nämlich die Gesamtheit der Rentiers, in der Rente Jahr für Jahr Werthe erwirkt, die er nicht verdient (I. 67—69), so muß mit Nothwendigkeit der andere Theil der Menschen — und das sind nun die Erwerbsthätigen, — Jahr für Jahr genau jene Werthe verdienen, ohne sie zu erwerben. — Und das heißt wieder, er muß von seinem ganzen Verdienst Jahr für Jahr den Betrag der Rente abgeben.

§ 26. Wie alle Erwerbsthätigen, ist also auch der Lohnarbeiter durch die Existenz der Rente in die Nothwendigkeit versetzt, von seinem wirklich verdienten Lohn, d. h. von seinem Antheil an den von ihm erzeugten Werthen abzüglich der Risico-Prämie (I. 85), indirect einen gewissen Theil abzugeben, nämlich denjenigen, der auf ihn fällt, um die Rente für die Rentiers aufzubringen.

§ 27. Ueberschlägt man sich die in die vielen Millionen gehenden enormen Summen, welche Jahr für Jahr von den Rentiers der civilisirten Staaten an Hypotheken-, Fonds- und Gemeingutzinsen sowie an Erträgen aus der Creditwährung für sich eingenommen werden, so wird man nicht zu hoch greifen, wenn man annimmt, daß diese Summen den dritten Theil aller durch die Erwerbsthätigkeit im Laufe des Jahres geschaffenen Werthe beträgt (§ 15).

§ 28. Dies aber heißt nichts Anderes als: Von Allem, was die erwerbsthätigen Volksklassen wirklich verdienen, müssen sie sich des dritten Theils zu gunsten der Rentiers entäußern, ohne eine Gegenleistung dafür zu empfangen.

§ 29. Und dies heißt denn wieder, daß jeder Erwerbsthätige, also auch jeder Lohnarbeiter, auf jeden Thaler, den er wirklich verdient, nur einen Gulden (⅔ Thaler) wirklich erwirbt.

§ 30. Wenn hiernach der Arbeitslohn um seinen dritten Theil geringer ist, als er rechtlicherweise sein müßte, so folgt daraus, daß er im Verhältnisse zu der Arbeit zu gering, also ungenügend ist; und die Entstehungsursache dieser Erscheinung ist wiederum die Rente.

§ 31. Alles, was im Vorstehenden über die Entstehungsursache der Lohn-Calamität ausgeführt ist, gilt selbstverständlich auch von der Gehalts-Calamität (§ 7), da eben alle Erwerbsthätigen, also auch die Beamten und Stelleninhaber, durch die Existenz der Rente gezwungen sind, indirect den dritten Theil ihres Verdienstes zu gunsten der Rentiers abzugeben.

Titel 5.
Von der Geschäftsstockung.

§ 32. Die Geschäftsleute (§ 8), bei denen der sociale Nothstand als Geschäftsstockung zur Erscheinung kommt, leiden darunter mehr als alle andern, weil ihr specieller Nothstand eine doppelte Gelegenheitsursache hat. — Denn einmal geht es ihnen als Erwerbsthätigen genau so wie allen übrigen, daß sie nämlich anstatt eines jeden Thalers, der ihnen aus ihrer Erwerbsthätigkeit als Verdienst zustände, nur einen Gulden erwerben (erhalten); und zweitens können sie auch überhaupt weniger verdienen, als sie ohne den allgemeinen socialen Nothstand verdienen würden, weil es, eben des allgemeinen Nothstandes wegen, den von ihnen erzeugten Werthen in dem Maße an Nachfrage fehlt, in welchem sie mehr oder weniger entbehrlich sind.

§ 33. Wenn ein Mensch weniger Erwerb, also auch weniger Geld hat als früher, so muß er sich natürlich auch mehr als früher einzuschränken suchen, wobei er natürlich mit den entbehrlichsten Lebensbedürfnissen anfangen und allmälig, je mehr sein Erwerb sich verringert, zu den weniger entbehrlichen übergehen wird.

§ 34. Indem infolge der Rente der Erwerb der Erwerbsthätigen von Jahr zu Jahr geringer wurde, mußten sich dieselben von Jahr zu Jahr bezüglich ihrer entbehrlicheren Lebensbedürfnisse immer mehr einschränken, und zwar um so mehr, als ja die unentbehrlichen Lebensbedürfnisse immer theurer werden (§ 24), so daß auch bezüglich ihrer eine gewisse Einschränkung, ein Minderconsum, eintrat, soweit es ohne Gefährdung des Lebens und der Gesundheit nur irgend möglich war.

§ 35. Durch die für alle erwerbsthätigen Volksklassen, also für die überwiegende Mehrzahl eintretende Nothwendigkeit der Einschränkung, welche die Lebensbedürfnisse nach Maßgabe ihrer größeren oder geringeren Entbehrlichkeit trifft, verlieren diese Lebensbedürfnisse sehr natürlich, und zwar wiederum nach Maßgabe ihrer größeren oder geringeren Entbehrlichkeit, die Nachfrage und kommen in's Angebot (I. 24).

§ 36. Der hierdurch den Geschäftsleuten — und zwar im stärksten Maße den der Industrie angehörenden — entstehende Mangel an Verdienst wird zur Vollendung der Geschäftsstockung noch dadurch vermehrt, daß ihre Erzeugnisse durch das verstärkte Angebot einen geringeren Preis erhalten (I. 24), als sie zufolge der Productionskosten haben müßten, wodurch also auch eine Verminderung des Erwerbes der Geschäftsleute herbeigeführt wird.

§ 37. Indem die Geschäftsleute durch die mangelnde Nachfrage nach ihren Producten zu einer geringeren Production gezwungen werden, welche wiederum die Arbeitslöhne herabdrückt, bildet diese verringerte Production, in Verbindung mit dem Mangel an Verdienst und der Verminderung des Erwerbes der Geschäftsleute, das, was man die Geschäftsstockung nennt, die mehr oder weniger, und zwar nach Verhältniß der größeren oder geringeren Entbehrlichkeit der Producte, auf allen Geschäften lastet.

§ 38. Die Ursache der Geschäftsstockung ist also die Verminderung des Geldes in den Händen der erwerbsthä-

tigen Volksklassen, also der **Mehrzahl**; und diese Verminderung ist
naturgemäß entstanden durch die Anhäufung des Geldes in
den Händen der Rentiers, also der **Minderzahl**, mittels der
Rente, die also auch wiederum die Ursache der Geschäftsstockung ist, wie sie die der Theuerung, der Lohn- und der Gehalts-Calamität war.

§ 39. Man möchte vielleicht denken: da sich doch das Geld,
welches sich in den Händen der erwerbsthätigen Volksklassen vermindert, in den Händen der Rentiers in demselben Maße vermehrt, so müßte wenigstens durch die Letzteren, die sich ja nicht
einzuschränken brauchen, die Nachfrage nach den Lebensbedürfnissen vermehrt und dadurch der Geschäftsstockung ent-
gegengearbeitet werden. — Allein dies ist um deswillen nicht der
Fall, weil die Rentiers eine viel zu sehr verschwindende Minderzahl ausmachen, welche auch bei der größten Verschwendung den
Ausfall in der Nachfrage, der durch die Einschränkung der großen
Mehrzahl entsteht, nicht decken kann; — ganz abgesehen noch
davon, daß die Rentiers nicht Thoren genug sind, um ihr so
mühelos erworbenes Geld zu verschwenden. — Da es ihnen ja
ohne Risico immer wieder neues Geld einbringt, so ziehen sie
natürlich das Sparen des Geldes dem Verschwenden desselben vor. —

Titel 6.
Vom Arbeitsmangel.

§ 40. Der Arbeitsmangel ist zwar auch eine (indirecte)
Folge der Rente, entspringt aber zunächst aus der Lohn- und
Gehalts-Calamität sowie aus der Geschäftsstockung.

§ 41. Aus der Lohn- und Gehalts-Calamität ent-
springt er insofern, als die in Arbeit oder in Stellen befindlichen
Arbeiter den Ausfall, der ihnen durch den ungenügenden Lohn,
resp. das unausreichende Gehalt entsteht, durch **längere Arbeitszeit** zu decken suchen.

Dieselbe Arbeit also, von welcher im normalen Zustande der
Erwerbsverhältnisse z. B. **vier** Arbeiter mit weniger Arbeitszeit
ausreichenden Erwerb haben würden, wird nunmehr in längerer
Arbeitszeit von nur **drei** Arbeitern geleistet; folglich bleibt je der
vierte Arbeiter ohne Gelegenheit zur Arbeit.

§ 42. Die Geschäftsstockung, welche den Producten der Arbeit die Nachfrage nimmt (§ 35), vermindert natürlich auch die Nachfrage nach Arbeitsthätigkeit (1. 84); und so kommt es denn, daß ein Theil der Arbeitskraft keine Gelegenheit zur Arbeitsthätigkeit oder zur Arbeit im subjectiven Sinne (1. 9) findet.

§ 43. Hiernach haben in erster Linie die Lohn- und die Gehalts-Calamität sowie die Geschäftsstockung den Arbeitsmangel zur Folge; aber da diese drei Symptome des socialen Nothstandes nur die Folge der Rente sind (Titel 4 u. 5), so ist in zweiter Linie die Existenz dieser Rente auch die Ursache des Arbeitsmangels.

Titel 7.
Von der Hypothekennoth.

§ 44. Der Hypothekenzins wirkt bei den Grundbesitzern, welche das auf ihren Grundstücken lastende, dem Capitalwerthe desselben meist gleichkommende Capital in den fünfprocentigen Zinsen desselben alle zwanzig Jahre abtragen, ohne es dadurch abzulösen, zunächst dahin, daß sie in der Regel niemals wieder schuldenfrei werden, um in den vollen Genuß des Ertrages der durch ihre Arbeitsthätigkeit bewirthschafteten Grundstücke zu kommen.

Sie müßten zu diesem Zwecke zwanzig Jahre lang einen Ertrag erzielen, welcher jährlich etwa 15 Procent des Capitalwerthes ihrer Grundstücke (1. 105 u. 106) betrüge, d. h. drei Mal so groß wäre, als er bei der Werthschätzung der Grundstücke angenommen ist. — Denn da sie jährlich 5 Procent zu ihrem eignen Unterhalt bedürfen und weitere 5 Procent zur Zahlung des Hypothekenzinses, so müßten sie jährlich noch 5 Procent zurücklegen können, um damit in 20 Jahren das Capital wirklich abzulösen.

§ 45. Es ist hiernach klar, daß der Grundbesitz durch den Hypothekenzins immer tiefer in Verfall geräth, weil er außer den Zinsen kaum den nöthigen Unterhalt für die Grundbesitzer gewährt, und ihn jeder Ausfall des regulären Ertrages — bei dem Muttergute wegen der Mißernten, bei den Gebäuden wegen periodischen Mangels an Miethern — einen Schritt weiter zurückbringt.

§ 46. Bei der Unmöglichkeit der Ablösung des Hypotheken=Capitals sind die Grundbesitzer, sobald ihnen dasselbe gekündigt wird, in die Nothwendigkeit versetzt, zur Deckung des alten ein neues Darlehn auf ihre Grundstücke zu suchen, welches zu finden nicht blos mit erheblichen Verlusten an Gebühren aller Art verbunden ist, sondern auch von Jahr zu Jahr schwerer wird.

§ 47. Der Grund, warum das Auffinden neuer Hypotheken=Capitalien immer schwieriger wird, liegt in der außerordentlichen Vermehrung der Fonds (II. 16), des Gemeinguts (II. 21) und der Creditwährung (II. 25), da diese Vermehrung den Capitalisten (I. 96), welche ihre Capitalien pfandsicher und zinstragend anlegen wollen, immer mehr Gelegenheit dazu bietet, und zwar eine Gelegenheit, die noch dazu eine bessere ist, als die, welche ihnen durch den Grundbesitz geboten wird.

Denn die Anlage in Fonds, Gemeingut und Creditwährung steht der in Hypotheken an Sicherheit nicht nach; aber sie hat vor dieser meistentheils mancherlei Vortheile voraus: Die Zinsen sind häufig reicher, werden aber jedenfalls präciser gezahlt; und da die betreffenden Werthpapiere **au porteur** (d. h. auf jeden Inhaber derselben) lauten, während die Hypotheken=Obligationen auf die Namen des Pfandgläubigers und Pfandschuldners ausgestellt sind; so können die Ersteren leicht und ungehemmt coursiren, resp. zu Baargeld gemacht werden, während die Letzteren schwer und zugleich kostspielig zu übertragen sind, auch mitunter Zinsrückstände erfahren, zu deren Beitreibung erst ein oft sehr weitläufiges und langwieriges gerichtliches Verfahren nothwendig wird.

§ 48. Die Geld=Capitalien ziehen sich unter solchen Umständen wegen der bequemeren Rente, die ihnen aus den Fonds, dem Gemeingut und der Creditwährung erblüht, immer mehr von dem Grundbesitz zurück; und daher entsteht eben die Hypothekennoth, die also auch wieder in der Existenz der Rente ihre Ursache hat.

Titel 8.
Von der Geld=Calamität.

§ 49. Die Ursache der Geld=Calamität (§ 11) ist nach zwei Richtungen hin in der Existenz der Rente zu finden, indem zuerst die Gründe, welche es verursachen, daß sich die Capitalisten von dem Grundbesitze abwenden (§ 48), in noch höherem Maße die Veranlassung werden, daß sie sich von den Geschäften fern halten, bei denen sie ihre Capitalien riskiren müssen.

§ 50. Speciell bringt aber der Pfandzins noch eine andere Erscheinung hervor, durch welche die Natur der Geld=Calamität in ihr rechtes Licht gestellt wird, nämlich die Vermehrung des Geldes durch die Werthpapiere, welche Letzteren eine Folge des Pfandzinses sind.

§ 51. Die Hypotheken=Obligationen, die Fonds und die Gemeinguts=Actien sind gar nichts Anderes als circulations= oder coursfähige Repräsentanten der Werthe, auf welche sie lauten.

§ 52. Als solche Werthrepräsentanten erfüllen diese Werthpapiere die Functionen des Geldes (1 27), wenn sie auch wegen des mangelnden Gepräges nicht den Charakter des Geldes tragen: Indem sie für den Werthbetrag, auf welchen sie lauten, Quittung über die Hingabe desselben sind, werden sie in den Händen des Inhabers zugleich Anweisung auf den Empfang desselben Werthbetrages. Sie sind also wirkliche Werthpapiere, die in ihrer Eigenschaft als fundirte Geldscheine ganz dieselben Geldfunctionen erfüllen wie alles fundirte Scheingeld (I. 42 Absatz 2), also auch durch ihre Existenz die vorhandene Geldmasse vermehren und die Folgen dieser Vermehrung, nämlich die Erhöhung des Preises der Leistungen (I. 45 u. 46), resp. die Theuerung (Titel 3), erzeugen, welche allein den erwerbsthätigen Volksklassen zur Last fallen (§ 24).

§ 53. Würden diese Werthpapiere nun als riskirtes Capital zur Erzeugung neuer Werthe in den Verkehr, also in Geschäftsunternehmungen aller Art gesteckt, die den erwerbsthätigen Volksklassen wieder zu gute kommen müßten; so würde infolge dessen die durch sie bewirkte Vermehrung der Geldmasse in den Händen Aller stattfinden, die Last der Theuerung also nicht vorhanden sein (§ 21).

§ 54. Allein da der bloße Besitz der Werthpapiere, ohne jegliche Erwerbsthätigkeit und jegliches Risico, in den Zinsen einen sicheren, wenn auch unverdienten Erwerb bringt; so werden die Besitzer der Werthpapiere nicht Thoren genug sein, sich des Besitzes dadurch zu entäußern, daß sie ihre Werthpapiere in den Verkehr werfen, um im günstigen Falle vielleicht einen wohlverdienten größeren Erwerb zu erzielen, im ungünstigen Falle aber ihre angesammelten Werthe, nämlich ihr Capital, einzubüßen.

Hätten sie dies gewollt, so würden sie ihr Capital nicht erst pfandsicher angelegt, sondern es gleich von vornherein in Geschäftsunternehmungen gesteckt haben! —

§ 55. So bleiben die zinstragenden Werthpapiere unter Schloß und Riegel ihrer Besitzer und also dem Verkehr entzogen, den sie doch durch ihre Existenz und die dadurch bewirkte Theuerung erschwert haben.

§ 56. Während sich also die Arbeitskraft, resp. die Erwerbsthätigkeit Concurrenz macht, und dadurch der Preis der Arbeitskraft herabgedrückt, resp. der Erwerb der Erwerbsthätigkeit verringert wird, — während dessen wird eine Concurrenz des Capitals, die dessen Preis gleichfalls herabdrücken, d. h. seine Erlangung für Geschäftsunternehmungen erleichtern könnte, entschieden verhindert.

Mit anderen Worten: die Arbeitskraft kommt in ein starkes Angebot, das zu ihrer Entfaltung nothwendige Capital aber in starke Nachfrage; — und darin eben besteht die Geld-Calamität, welche als das siebente und letzte Symptom des allgemeinen materiellen Nothstandes aufgeführt wurde (§ 4).

Sie hat also auch, wie alle anderen, ihre Ursache in der Existenz der Rente.

Capitel IV.

Die Social=Reform=Theorie.

Titel 1.

Von der Begründung des Wohlstandes im allgemeinen.

§ 1. Der sociale Nothstand gleicht auch darin der Krankheit des menschlichen Körpers (III. 2), daß er durch Beseitigung der Entstehungsursachen aufgehoben und in sein Gegentheil, den socialen Wohlstand, verwandelt wird.

§ 2. Da als einzige Grundursache des materiellen Nothstandes die Existenz der Rente nachgewiesen worden ist (Capitel III), so muß der sociale Wohlstand — da dessen Vorbedingungen vorhanden sind (I. 116) — durch Beseitigung der Rente begründet werden können.

§ 3. Eine solche Beseitigung der Rente darf indeß nicht durch eine Beschränkung der Freiheit der Personen, der Verträge oder des Verkehrs bewirkt werden, sondern nur durch staatliche Institutionen, welche — unter Respectirung aller Freiheit — die Rente unmöglich machen.

§ 4. Zur Schaffung solcher Institutionen ist der Staat — wenn er nicht blos ein politischer, sondern auch ein socialer sein will (I. 109) — nicht nur berechtigt, sondern sogar verpflichtet (I. 113).

§ 5. Durch die Unmöglichmachung der Rente fällt die Möglichkeit hinweg, daß ein Theil des Volkes mehr erwirbt, als er verdient; und dies hat zur nothwendigen Folge, daß Jedermann genau so viel erwirbt, wie er verdient (I. 66 bis 68) — in welchem Falle eben der allgemeine sociale Wohlstand begründet ist. (I. 115 u. 116.)

§ 6. Um die Rente unmöglich zu machen, muß man nach dem bisher Vorgetragenen von Staats wegen, weil im Interesse der Gemeinschaft und Allgemeinheit, folgende Maßregeln ergreifen:

1) Die Besitzer von Grundstücken, welche samt und sonders von dem Hypotheken=Teufel besessen sind, d. h. von dem Triebe, außer ihrem Grundstücke noch den Nutzungswerth desselben in Gelde zur Disposition zu haben, und welche daher auf ihre Grundstücke stets Geld gegen Zins borgen, selbst wenn dies der Weg zu ihrer allmäligen Verarmung ist; — diese Besitzer von Grundstücken müssen in die Lage gebracht werden, von ihrem natürlichen Rechte Gebrauch machen zu können, welches darin besteht: auf den Ertrag ihrer Grundstücke für den Zeitraum von 20 Jahren, d. h. auf ihre sachlich=persönliche Leistungsfähigkeit (I. Tit. 9) Anweisungen auszugeben (I. 107), welche zu Gelde werden, wenn die Honorirung der Anweisungen durch zinsfreie Verpfändung der Grundstücke an die Gemeinschaft gesichert wird. — Mit andern Worten heißt das: die Grundstückbesitzer werden in die Lage versetzt, unkündbare und zinsfreie Hypotheken zu haben.

4

2) Die Fonds (II. 16) müssen abgeschafft werden, indem die Staaten und sonstigen Gemeinwesen sich in die Lage versetzt finden, für die Zukunft keine verzinslichen Anleihen mehr nöthig zu haben, und die gegenwärtig bestehenden verzinslichen Anleihen in kürzester Frist amortisiren zu können.

3) Das Gemeingut (II. 21) muß in Zukunft nur von der Gemeinschaft, also in erster Linie vom Staate, bewirthschaftet werden.

4) Die Creditwährung (II. 25), resp. die Freimünzerei (II. 30) darf nicht mehr gestattet sein.

Titel 2.
Vom Grundgelde.

§ 7. Wenn der Staat, als eigentlicher Eigenthümer des Mutterguts (I. 7. 58. 59), im Namen, zu gunsten und zu lasten der Besitzer desselben, Anweisungen auf ihre Leistungen im Betrage des Minimal-Nutzungswerthes der Grundstücke (I. 104) ausgibt (I. 107), indem er den Anweisungen ein Münzgepräge aufdrückt (I. 36—38), für die Sicherheit der angewiesenen Leistungen, also zur Fundirung der Anweisungen, die Grundstücke hypothekarisch in Pfand nimmt, und die Grundbesitzer für die Honorirung der Anweisungen — nach Maßgabe der sachlich-persönlichen Leistungsfähigkeit jedes einzelnen — solidarisch verbindlich macht: so hat der Staat in diesen Anweisungen ein Scheingeld (I. 42. 43) geschaffen, welches wir Grundgeld nennen.

§ 8. Dies Grundgeld ist das dauerndste und sicherste aller nur möglichen Arten von Geld (I. 108).

§ 9. Das Grundgeld repräsentirt das Vermögen des Staats und ist fundirt durch die allgemein und absolut leistungsfähigen Werthe, aus denen dies Vermögen besteht.

§ 10. Das Grundgeld ist auf das Grundstück jedes einzelnen Grundbesitzers im Betrage seines Minimal-Nutzungswerthes (I. 104) hypothekarisch zur ersten Stelle in das Kataster des Staates eingeschrieben.

§ 11. Das Grundgeld ist bezüglich seiner Sicherheit genau dasselbe, was heutzutage die dadurch in Wegfall kommenden Hypotheken-Obligationen oder Pfandbriefe sind; — nur daß es, bis zu den kleinsten Werthmaßen herab theilbar und getheilt, den Inhabern keine Rente bringt, sondern nur den Anspruch auf die dem einzelnen Werthmaße entsprechenden Leistungen der Grundstücke im allgemeinen (I. 99), d. h. — da das Muttergut in seiner Gesamtheit der Urquell aller Werthe ist (I. 8) — auf alle Arten von Lebensbedürfnissen.

§ 12. Die ungehemmte Circulation des Grundgeldes ist gesichert durch folgende Umstände:

1) Größte Dauer und Sicherheit des Geldes (I. 108);

2) Natur des Geldes als Anweisung auf alle Arten von Leistungen (I. 99);

3) Solidarische Verpflichtung der Grundbesitzer, das Geld in Zahlung zu nehmen, da es nichts Anderes ist, als eine von ihnen selbst ausgestellte Anweisung auf die Gegenleistung für die ihnen gewährte Leistung (I. 30 Absatz 2);

4) Verpflichtung des Staates, das Geld in seinen Kassen anzunehmen, da er durch sein Münzgepräge die Garantie für die Geldgeltung desselben übernommen hat;

5) Verpflichtung des Staates, mittels seiner Executivgewalt dafür einzutreten, daß das Geld von den Grundbesitzern in Zahlung genommen wird;

6) Nothwendigkeit, daß das Geld bei seiner Circulation in letzter Instanz immer wieder auf den Urquell aller Werthe, nämlich auf das Muttergut, zurückkommen muß.

§ 13. Das Grundgeld braucht wegen der ewigen Dauer, der Unabnutzbarkeit und der steten Leistungsfähigkeit des Mutterguts niemals amortisirt zu werden. — Es kommt, unter der Solidarität aller Muttergutsbesitzer stehend, für die von ihnen gewährten Leistungen in einem zwanzigjährigen Turnus stets an sie zurück, um immer wieder als neue Anweisung auf fernere, von ihnen zu gewährende Leistungen herausgegeben zu werden. — Es ist also das eigentliche Leistungsaustausch- oder Circulationsmittel für den inneren Verkehr des Staates und seiner Bürger.

§ 14. Da das Grundgeld nicht amortisirt zu werden braucht, so besitzen die Muttergutsbesitzer in ihm nicht blos eine zinsfreie, sondern auch — so lange sie ihren Pflichten der sachlich-persönlichen Leistung nachkommen — eine unkündbare Hypothek.

§ 15. Indem die Grundstücke des Muttergutes durch das darauf eingeschriebene Grundgeld dem Staate verpfändet sind, ist es den Grundbesitzern unmöglich, sie fernerweit an Capitalisten zinspflichtig zu verpfänden; und so ist denn durch das Grundgeld der Hypothekenzins — soweit es Muttergutgrundstücke betrifft, — unmöglich gemacht. —

Titel 3.
Vom Pfandgelde.

§ 16. Die Gebäude sind das Eigenthum Derer, die sie erworben haben (I. 61). Daher ist die Gemeinde Eigenthümer der zu ihr gehörenden Gebäude nur insoweit, wie sie sich als eine Association der Gebäudeeigenthümer darstellt.

§ 17. Als eine solche Association kann auch die Gemeinde im Namen, zu gunsten und zu lasten der Gebäudeeigenthümer Anweisungen im Betrage des Minimal-Nutzungswerthes der Gebäude (I. 104) ausgeben (I. 107), indem sie für die Sicherheit der angewiesenen Leistungen, also zur Fundirung der Anweisungen, die Gebäude hypothetisch in Pfand nimmt, und die Gebäudeeigenthümer für die Honorirung der Anweisungen durch miethweise Lieferung von Räumlichkeiten — nach Maßgabe der sachlich-persönlichen Leistungsfähigkeit jedes einzelnen — solidarisch verbindlich macht. — Indem der Staat diesen Anweisungen unter gewissen Modificationen sein Münzgepräge (I. 36—38) leiht, ist ein weiteres Scheingeld geschaffen, welches wir, zur Unterscheidung von dem ihm wesentlich unähnlichen Grundgelde, sowie zur Bezeichnung seiner besondern Natur, Pfandgeld nennen wollen.

§ 18. Die Verpflichtung des Staates, diese Anweisungen durch sein Münzgepräge zu Gelde zu machen, ist herzuleiten aus der ihm obliegenden Sorge, daß Gebäude existiren, welche den Staatszugehörigen die nöthigen Räumlichkeiten darbieten. Er muß also die Herstellung und den Betrieb der Gebäude, so viel an ihm liegt, unterstützen (I. 109).

§ 19. Da die Eigenthümer von Gebäuden nur eine sehr beschränkte sachliche Leistungsfähigkeit besitzen (I. 101); da diese Leistungsfähigkeit wegen der Abnutzbarkeit und Vernichtbarkeit der Gebäude (I. 97) an einen Zeitraum geknüpft ist; und da endlich diese Leistungsfähigkeit überhaupt eine relative ist, indem sie nur nach Maßgabe des Begehrs von Räumlichkeiten Gelegenheit zu wirklichen Leistungen hat, ein solches Begehr aber sich mit der allmäligen Vermehrung der Gebäude vermindert, so daß die Leistungsfähigkeit nur in bezug auf die von dem Eigenthümer selber benöthigten Räumlichkeiten eine absolute ist: — so steht das Pfandgeld dem Grundgelde an Dauer, Sicherheit und Allgemeingiltigkeit weit nach (l. 108).

Es bedarf also außer den Eigenschaften, die das Pfandgeld mit dem Grundgelde gemein hat, noch einer besondern Maßnahme, um ihm die gleiche Circulation zu sichern.

§ 20. Zu den Eigenschaften, welche das Pfandgeld mit dem Grundgelde gemein hat, gehören:

1) daß es das Vermögen der Association der Gebäudeeigenthümer einer Gemeinde repräsentirt und durch leistungsfähige Werthe fundirt ist; (man vergl. § 9.)

2) daß es auf das Gebäude jedes einzelnen Eigenthümers im Betrage seines Minimal-Nutzungswerthes hypothekarisch zur ersten Stelle in das Kataster der Gemeinde eingeschrieben ist; (man vergl. § 10.)

3) daß es bezüglich seiner Sicherheit genau dasselbe ist, was heutzutage die dadurch in Wegfall kommenden Hypotheken-Obligationen oder Pfandbriefe sind; — nur daß es, bis zu den kleinsten Werthmaßen herab theilbar und getheilt, den Inhabern keine Rente bringt, sondern nur in letzter Instanz einen Anspruch auf die Benutzung von Räumlichkeiten gibt; (man vergl. § 11.)

4) daß die Eigenthümer der Gebäude einer Gemeinde solidarisch verpflichtet sind, das Pfandgeld in Zahlung zu nehmen, da es nichts Anderes ist als eine von ihnen selbst ausgestellte Anweisung auf die Gegenleistung für die ihnen gewährte Leistung; (man vergl. § 12 Nr. 3.)

5) daß sowohl der Staat wie auch die Gemeinde verpflichtet sind, das Pfandgeld in ihren Kassen anzunehmen, und mittels ihrer Executivgewalt für die Annahme des Geldes seitens der Gebäudeeigenthümer zu sorgen; (man vergl. § 12 Nr. 4 u. 5.)

§ 21. Die besondere Maßnahme, durch welche das, was dem Pfandgelde gegen das Grundgeld an Dauer, Sicherheit und Allgemeinheit abgeht, ersetzt wird, indem sie die Nothwendigkeit begründet, daß das Pfandgeld bei seiner Circulation in letzter Instanz immer wieder auf die Gebäude zurückkommen muß (man vergl. § 12 Nr. 6), also diese Circulation ermöglicht; — diese besondere Maßnahme liegt in der Amortisation des Pfandgeldes.

§ 22. Jedem Gebäudeeigenthümer, der in dem auf sein Gebäude eingeschriebenen Pfandgelde eine zinsfreie und unkündbare Hypothek besitzt, liegt die Pflicht ob, jährlich 5 Procent der Hypothekensumme, also denselben Betrag, den er jetzt an Hypothekenzinsen zahlen muß, zur Amortisation des Pfandgeldes aufzubringen.

§ 23. Indem hiernach das Pfandgeld in 20 Jahren amortisirt ist, kann es nach neuer Schätzung des alsdann noch bestehenden Nutzungswerthes des Gebäudes von neuem ausgegeben werden, wodurch der Gebäudeeigenthümer stets in die Lage kommt, die zur Erhaltung und Verbesserung seines Grundstücks nöthigen Capitalien zu besitzen.

§ 24. Es hindert indeß nichts, daß die neue Schätzung des Nutzungswerthes des Gebäudes auch innerhalb der Amortisationsperiode, und zwar z. B. von 5 zu 5 Jahren, vorgenommen und danach denn die Belegung der betreffenden Gebäude mit Pfandgeld stets neu regulirt wird.

§ 25. Grundsatz bei dieser Regulirung ist immer: daß der Eigenthümer eines Gebäudes niemals mehr Pfandgeld in Cours haben darf, als er durch die Leistungen des Gebäudes in 20 Jahren (I. 103) sicher einlösen kann; oder mit andern Worten: als er in 20 Jahren an Miethen für gelieferte Räumlichkeiten, die Miethe für die von ihm selber benutzten mitinbegriffen, mit Sicherheit einnehmen wird.

§ 26. Indem die Gebäude durch das darauf eingeschriebene Pfandgeld der Gemeinde, resp. dem Staate verpfändet sind, ist es den Gebäudeeigenthümern unmöglich, sie fernerweit an Capitalisten zinspflichtig zu verpfänden; und so ist denn durch das Pfandgeld auch bezüglich der Gebäude der Hypothekenzins unmöglich gemacht.

Titel 4.
Von der Circulation des Grund= und Pfandgeldes.

§ 27. Die Circulation eines jeden Geldes — gleichviel ob Schein= oder Baargeld — ist abhängig von der Bereitwil=

ligkeit seiner Annahme im Verkehr als Quittung und Anweisung für alle Arten von Leistungen.

§ 28. Ist die angewiesene Leistung gesichert, so ist auch die Annahme der Anweisung sicher, und es bedarf zur ungehemmten Circulation keines Zwangscours für das Geld.

§ 29. Es ist für die ungehemmte Circulation alles Geldes oder, was dasselbe sagt, für die bereitwillige Annahme desselben, nicht maßgebend, ob der Annehmer des Geldes grade die Leistung nöthig hat, auf welche das Geld Anweisung ist, sondern nur, ob die durch das Geld angewiesene Leistung für irgend Jemanden nöthig wird, der durch die Circulation in den Besitz des Geldes kommt.

Ein Beweis hierfür ist die ungehemmte Circulation des Baargeldes (I. 30, 41 u. 42): Die dadurch angewiesene Leistung ist Gold oder Silber; beide Arten von Leistungen sind eigentlich nöthig nur der kleinen Zahl Derer, welche des Goldes oder Silbers als Waare zur Fabrikation bedürfen; eigentlich verpflichtet zur Annahme ist Niemand; — nichtsdestoweniger wird das Baargeld allgemein auf's bereitwilligste angenommen.

§ 30. Da zur Annahme des Grundgeldes außer den Kassen des Staats (§ 12 Nr. 4) auch die Besitzer des Mutterguts rechtlich verpflichtet sind (§ 12 Nr. 3), und alles Grundgeld mit Nothwendigkeit in einem zwanzigjährigen Turnus auf die Muttergutsbesitzer zurückkommen muß (§ 13), um gegen sichere Leistungen aller Art eingelös't zu werden; so bedarf es eines Zwangscours für das Grundgeld weiter nicht.

§ 31. Mit dem Pfandgelde verhält es sich — da zu seiner Annahme, außer den Kassen des Staats und der Gemeinde, auch die Eigenthümer der Gebäude rechtlich verpflichtet sind, — unter den für das Pfandgeld bestehenden Modificationen eben so: auch für das Pfandgeld bedarf es eines weiteren Zwangscours nicht.

§ 32. Da das Grundgeld wie auch das Pfandgeld Anweisungen auf alle Arten von Leistungen sind, welche die Mehrzahl der Menschen bedürfen; da ferner eine sehr große Zahl von Menschen zur Annahme desselben verpflichtet ist: so muß seine Annahme im Verkehr eine noch viel bereitwilligere sein als die des Baargeldes (§ 29). Soweit das letztere bereitwilliger angenommen würde als das Grund- und Pfandgeld, beruht diese Annahme nur auf der Macht der Gewohnheit, die sehr bald auch für das Pfandgeld und noch früher für das Grundgeld eintreten muß.

Titel 5.
Von der einzigen Staatssteuer.

§ 33. Wenn das jetzige Steuersystem der Staaten, basirend auf der Erhebung sehr vieler verschiedenen, lästigen, dabei mühsam und kostspielig beizutreibenden Steuern, auch nicht zu den Ursachen des allgemeinen materiellen Nothstandes gehört, so trägt es doch sehr viel zur Verschärfung desselben bei.

§ 34. Das Grundgeld der Social-Reform-Theorie (Titel 2) bietet nunmehr die Möglichkeit, bei Wegfall aller anderen Staatssteuern eine einzige einzuführen, welche für die Steuerpflichtigen fast unfühlbar und überaus leicht zu tragen, für den Staat selbst aber außerordentlich einfach und billig zu erheben ist.

§ 35. Wenn zur Erhaltung eines Gemeinwesens die Zugehörigen desselben beizutragen haben, so muß der Beitrag selbst, gewöhnlich Beisteuer oder Steuer schlechthin genannt, im Verhältnisse des Nutzens geschehen, den sie von dem Gemeinwesen haben: denn dieser Nutzen ist eine Leistung, die ihnen das Gemeinwesen gewährt, und dieser Leistung muß ihrerseits die Gegenleistung entsprechen.

§ 36. Der Nutzen, den ein Gemeinwesen seinen Zugehörigen gewährt, besteht in der Sicherung und Erleichterung ihres persönlichen und ihres erwerblichen Lebens.

Der Nutzen, den das persönliche Leben davon hat, ist für alle Zugehörigen des Gemeinwesens gleich; der, den das erwerbliche Leben davon zieht, ist aber nach dem Verhältnisse des Erwerbs verschieden.

§ 37. Hieraus folgt, daß die Gegenleistung für diesen Nutzen, von jedem Zugehörigen des Gemeinwesens im Verhältnisse zu seinem Erwerbe stehen, resp. nach Maßgabe seines Erwerbes gewährt werden muß.

Mit andern Worten: die einzige rationelle Steuer ist die Erwerbssteuer.

§ 38. Da aber der Endzweck alles Erwerbs die Consumtion ist, jeder Erwerb also für den Menschen überhaupt nur Nutzen und Werth hat, insoweit er zur Befriedigung seiner Lebensbedürfnisse, d. h. zur Consumtion im weitesten Sinne, dient: so ist die einzige rationelle Steuer die, welche von allem, was der Mensch consumirt, erhoben wird, also die allgemeine Consumtionsteuer.

§ 39. Die Grundidee der allgemeinen Consumtionsteuer ist hiernach die: Jedermann muß von seinem persönlichen Lebensgenuß eine verhältnißmäßige Quote abgeben, um die Subsistenz des Staates zu ermöglichen, der ihm diesen Lebensgenuß sichert (I. 109). Der Staatsbürger opfert also einen verhältnißmäßigen Theil des Lebensgenusses, den er sich erwirbt, um sich den übrigen durch die Existenz des Staates zu sichern.

Dadurch erhält die Staatssteuer den Charakter einer Versicherungsprämie für die Erreichung des Lebenszweckes; — und das ist ihr wahrer, in der Vernunft begründeter Charakter.

§ 40. Es geht hieraus zugleich hervor, daß die Steuer sämtliche Consumtionsobjecte treffen, d. h. eine wirklich allgemeine Consumtionsteuer sein muß.

§ 41. Eine solche allgemeine Consumtionsteuer zu erheben, ist dem Staate durch das Grundgeld ermöglicht, und zwar in einer Weise, die alle anderen, jetzt bestehenden Steuern unnöthig macht und in Wegfall kommen läßt. —

Wir nennen daher diese einzige Staatssteuer die Grundgeldsteuer.

§ 42. Indem der Staat im Interesse der Muttergutsbesitzer das Grundgeld schafft, gewährt er ihnen zwar keine Leistung im Sinne producirter Werthe, für welche ihm die Muttergutsbesitzer eine Gegenleistung in Werthen schuldeten; allein er erzeigt ihnen doch in einem Acte der Liberalität einen Dienst, den sie durch einen Gegendienst in einem Acte der Liberalität zu vergelten haben.

§ 43. Einen solchen Gegendienst können die Muttergutsbesitzer dem Staate nur dadurch erzeigen, daß sie von seinen gesamten Zugehörigen für seine Rechnung die zu seiner Subsistenz nöthigen Beisteuern einziehen und — da sie gleich nach ihrer Veranlagung erhoben werden müssen! — verauslagen oder verlegen.

§ 44. Die Muttergutsbesitzer haben also — wozu sie durch das Grundgeld in der Lage sind! — als Steuerverleger und Steuererheber zu fungiren, und zwar nach Maßgabe der Größe der Grundgeldsumme, für welche ihnen der Staat das Münzgepräge gewährt hat.

Daraus ergibt sich denn ein überaus einfacher Besteuerungs-Modus, das Grundgeldsteuer-System, das die rationellste Steuer, nämlich die allgemeine Consumtionsteuer, zur Grundlage hat.

§ 45. Indem der Staat aus seinem Kataster genau weiß, wieviel Grundgeld auf dem gesamten Muttergute lastet, ergibt ihm, nach Feststellung seines Ausgabe-Etat für das nächste Jahr, ein einfaches Rechnenexempel, welcher Procentsatz der Grundgeldsumme nothwendig ist, um den Ausgabe-Etat zu decken.

§ 46. Indem der Staat aus seinem Kataster aber auch weiß, wieviel Grundgeld auf dem Muttergute jedes einzelnen Besitzers lastet, weiß er eben so genau wie der Gutsbesitzer selber, welche Geldsumme nach dem erwähnten Procentsatze der Letztere als Steuer zu verlegen hat, was von dessen Seite in derselben Weise geschehen muß, in welcher die Grundbesitzer heutzutage ihre Hypothekenzinsen abzutragen haben, auch bei Meidung derselben Rechtsnachtheile.

Dadurch wird die Steuereinziehung seitens des Staates eine überaus einfache, leichte und billige: Es genügt für einen ganzen Kreis ein einziger Steuereinnehmer oder Steuerempfänger, der sich noch nicht einmal aus dem Hause zu rühren braucht, eben so wenig wie sich heutzutage die Hypothekengläubiger der Grundbesitzer zum Empfange ihrer Zinsen aus dem Hause zu rühren brauchen. —

§ 47. Zugleich werden aber auch die Muttergutsbesitzer noch mühelose Steuererheber dadurch, daß sie die verlegten Steuern auf den Preis ihrer Bodenerzeugnisse schlagen und so einen Marktpreis für dieselben schaffen, in welchem für jeden Consumenten die Staatssteuer enthalten ist.

§ 48. Da alle Werthe, also auch alle Consumtionsobjecte in dem Muttergute ihren Urquell haben (I. 8), so ist die hierdurch bewirkte Consumtionsteuer eine allgemeine.

Titel 6.
Von der einzigen Gemeindesteuer.

§ 49. Wie das Grundgeld die Möglichkeit einer einzigen, fast unfühlbaren und leicht und einfach zu erhebenden Staatssteuer, so ergibt auch das Pfandgeld (Titel 3) die Möglichkeit einer einzigen und ganz ähnlichen Gemeindesteuer.

§ 50. Alles, was (Titel 5) über die Nothwendigkeit, den Zweck, die Natur und den Charakter der Steuern eines Gemeinwesens überhaupt gesagt ist, gilt natürlich auch von der Gemeinde und der zu ihrer Subsistenz nöthigen Beisteuer ihrer Zugehörigen, nur mit dem Unterschiede, daß es sich bei der Gemeindesteuer nur um die Besteuerung eines einzigen Lebensbedürfnisses handelt, und zwar grade dessen, welches als solches von der Staatssteuer wohl in seiner Production, nicht aber in seiner Consumtion getroffen wird, nämlich die Räumlichkeiten, also die Benutzung (Consumtion) der Gebäude.

§ 51. Da es nun auch grade die Gebäude sind, auf deren Leistungen in dem Pfandgelde eine besondere Art von Anweisungen ausgegeben wird; und da es vorzugsweise die Gemeinde ist, welche für die Sicherheit des Pfandgeldes einsteht; so kann es gar nichts Natürlicheres geben, als daß die Gemeindesteuer mittels des Pfandgeldes von dem Lebensbedürfnisse der Räumlichkeiten durch die Gebäudeeigenthümer in derselben Weise erhoben und verlegt wird, in welcher dies bezüglich der Staatssteuer mittels des Grundgeldes vor allen andern Lebensbedürfnissen durch die Muttergutsbesitzer zu geschehen hat. —

Wir nennen daher diese einzige Gemeindesteuer die Pfandgeldsteuer; und sie ist insofern eine specielle Consumtionsteuer, als sie nur den Consum (die Benutzung) eines besonderen Bedürfnißobjects, der Räumlichkeiten, trifft.

§ 52. Alles, was über die Veranlagung, Verlegung und Erhebung der Grundgeldsteuer zur Deckung des Staatsausgabe-Etat gesagt worden ist (§§ 39—47), gilt auch von der Veranlagung, Verlegung und Erhebung der Pfandgeldsteuer zur Deckung des Gemeindeausgabe-Etat.

Auch die Gebäudeeigenthümer werden mühelose Steuererheber der Pfandgeldsteuer dadurch, daß sie die von ihnen — nach dem veranlagten Procentsatze des auf ihren Gebäuden stehenden Pfandgeldes! — veranlagten Steuern auf den Miethspreis ihrer Räumlichkeiten schlagen und so einen Miethspreis schaffen, in welchem für jeden Miether von Räumlichkeiten (den Gebäudeeigenthümer für die von ihm selbst benutzten Räumlichkeiten mitinbegriffen!) die Gemeindesteuer enthalten ist.

Titel 7.
Von der Beseitigung der Freimünzerei.

§ 53. Die Ausgabe von Creditgeld (II. 25) seitens einzelner Corporationen ist eine social unberechtigte Ausnutzung des nur dem Staate zustehenden Münzregals (I. 38).

§ 54. Eines solchen Hoheitsrechts darf sich der Staat niemals zu gunsten von Individuen oder Corporationen oder einzelner Volksklassen entäußern; er darf es nur im Interesse der Allgemeinheit ausüben.

§ 55. Sobald also der Staat blos das unterläßt, was er ohnehin nicht thun darf; sobald er also Niemanden mehr autorisirt, Creditgeld anzufertigen und in Umlauf zu setzen, hat die Creditwährung der Privaten (Banken, Geldgesellschaften ꝛc.) ein Ende, und mit ihr die daraus entspringende Rente.

Die den Folgen der Falschmünzerei so ähnlichen Nachtheile, welche die Freimünzerei für die erwerbsthätigen Volksklassen hat, sind also beseitigt.

Titel 8.
Vom Schuldgelde.

§ 56. Wenn es sich um die Ausgabe von Creditgeld (II. 25) handelt, so darf dieselbe infolge des Münzregals nur vom Staate selbst ausgehen und nur zu gunsten der Allgemeinheit stattfinden.

Unter diesen Umständen wird das Creditgeld niemals schädlich und kann sehr nützlich werden.

§ 57. Nur der Credit des Staates ist fest genug, um die Ausgabe von unfundirtem Scheingelde ohne alle Gefahr für die Allgemeinheit tragen zu können, da dieser Allgemeinheit auch die Vortheile des Creditgeldes zufallen.

§ 58. Inzwischen ist der Staat, falls er in die Lage kommt, für gewisse productive Zwecke zu gunsten der Allgemeinheit periodisch seinen Credit aufbieten zu müssen, noch nicht einmal genöthigt, zur Ausgabe von wirklichem Creditgelde, d. h. ganz unfundirtem Scheingelde, zu schreiten, da er in einem Theile des Muttergutes seiner Grundbesitzer Werthe hat, durch welche er sein Staatscreditgeld decken kann.

§ 59. Diese Werthe liegen in der Differenz zwischen dem Minimal-Nutzungswerthe und dem mittleren Nutzungswerthe des Muttergutes.

§ 60. Indem das Muttergut nur bis zum Betrage seines Minimal-Nutzungswerthes mit dem Grundgelde hypothekarisch belegt ist (§ 7), bleibt noch der Capitalwerth des Muttergutes zwischen dem Minimal- und dem mittleren Nutzungswerth, gewissermaßen die zweite Stelle für eine Hypothek, frei.

§ 61. Indem der Staat das periodisch auszugebende Creditgeld, welches wir zur Unterscheidung von dem Grund- und dem Pfandgelde mit dem Namen Schuldgeld belegen wollen, durch den erwähnten Werth des Muttergutes, also seines eigentlichen Eigenthums (I. 59), deckt, das Schuldgeld also gewissermaßen als zweite Hypothek des Mutterguts betrachtet, gewinnt er ein, immerhin noch ausreichend fundirtes Scheingeld für seine der Allgemeinheit zu gute kommenden productiven Zwecke.

Dies Scheingeld nannten wir um deswillen Schuldgeld, weil es gewissermaßen eine (unverzinsliche) Anleihe ist, welche der Staat bei sich selbst, resp. seinen Zugehörigen macht, und zwar nur zu lasten wie zu gunsten der Allgemeinheit, also seiner selbst; — das Schuldgeld mithin die öffentliche Schuld repräsentirt.

§ 62. Das Schuldgeld darf vom Staate nur periodisch und für gewisse productive Zwecke ausgegeben, und muß aus dem Erträgniß dieser Zwecke in kürzester Frist vollständig amortisirt werden.

§ 63. Was dem Schuldgelde, gegenüber dem Grundgelde und auch dem Pfandgelde, an Sicherheit abgeht, das wird durch die Gewißheit und Schnelligkeit seiner Amortisation hinreichend ersetzt.

Titel 9.

Von der Beseitigung des Fondszins.

§ 64. Der social wohlorganisirte Staat kann niemals in die Lage kommen, verzinsliche Anleihen aufnehmen zu müssen; und da nur dadurch die Fonds entstehen, also auch nur darin der Fondszins seine Ursache hat, so existirt derselbe in einem solchen Staate von selbst nicht.

§ 65. Braucht der Staat für productive Zwecke Capitalien, so findet er dieselben in seinem Schuldgelde, dessen Lasten, aber auch dessen Vortheile auf Rechnung der Allgemeinheit kommen (§ 61).

§ 66. Braucht der Staat für consumtive Zwecke außerordentliche Geldmittel, so findet er dieselben in der entsprechenden Erhöhung des Procentsatzes seiner Grundgeldsteuer.

Dasselbe gilt von der Gemeinde bezüglich ihrer Pfandgeldsteuer.

§ 67. Ein Geldbedürfniß des Staats und sonstiger Gemeinwesen für consumtive Zwecke würde jetzt eintreten, wenn es sich darum handelt, die laufenden Schulden zu bezahlen, um dadurch die Fonds und mit ihnen den Fondszins zu beseitigen.

§ 68. Bei der Fortdauer des gegenwärtigen socialen Zustandes ist es weder den Staaten noch den Gemeinden möglich, jemals ihre Schulden zu bezahlen; der Fondszins wird immer stärker fortwuchern, und der durch ihn verursachte sociale Krebsschaden wird sich mit jedem Jahre weiter ausbreiten.

§ 69. Um dem Weitergreifen dieses socialen Krebsschadens Einhalt zu thun, und dann die Heilung vornehmen zu können, dazu gibt es nur ein radicales Mittel: die Umwandlung (Convertirung) aller verzinslichen Schuld in eine unverzinsliche.

§ 70. Ein wirkliches Unrecht wird durch eine solche Convertirung der verzinslichen Schuld in eine unverzinsliche den Inhabern der Fonds nicht zugefügt. Denn abgesehen davon, daß dieselben zum größten Theile das von ihnen dargeliehene Capital in den (social unberechtigten) Zinsen bereits zurückerhalten haben; so wird ihnen auch die nochmalige, terminale Rückzahlung desselben in einem Zeitraume von 20 bis 25 Jahren ausdrücklich gewährt.

§ 71. Unmittelbar nach der Convertirung der Fonds in unverzinsliche müssen nämlich die aus der Steuer geschöpften Geldmittel, welche bis dahin alljährlich zur Verzinsung der Fonds verwendet wurden, zur Amortisirung derselben verwendet werden, welche Amortisirung bei den bis dahin 5procentigen Fonds in 20, bei den bis dahin 4procentigen aber in 25 Jahren — und so nach Verhältniß — bewirkt ist.

Schlägt man zu dieser Amortisations-Quote noch das eine Procent, welches auch gegenwärtig zur Amortisirung ausgesetzt ist, so tritt die vollständige Amortisation noch einige Jahre früher ein.

§ 72. Das auf solche Weise schuldenfrei gewordene Gemeinwesen kann — wenn es nach der gegenwärtigen Theorie social reformirt wird, — niemals wieder in die Lage kommen, verzinsliche Anleihen machen zu müssen. (Vergl. §§ 64—66.)

Titel 10.
Von der Beseitigung des Gemeingutzins.

§ 73. Die Anlage, die Verwaltung und Bewirthschaftung derjenigen gemeinnöthigen Institute, welche wir das Gemeingut nannten (II. 21), steht vernünftigerweise nur der Allgemeinheit, also dem Staate zu, und zwar erstens weil es für die Allgemeinheit nöthige Institute sind, und man nicht mit Sicherheit wissen kann, ob sich für dieselben Privatunternehmer finden werden; zweitens weil sie monopolisirt werden müssen (II. 22), und ein Monopol niemals zu gunsten einzelner Individuen oder Corporationen, sondern nur zu gunsten der Allgemeinheit, also des Staates, existiren darf; drittens endlich weil nur die Verwaltung des Staates eine Garantie für die im allgemeinen Interesse nöthige Sicherheit des Betriebes bieten kann.

§ 74. Das Anlagecapital für die Begründung der gemeinnöthigen Institute entsteht dem Staate aus der Creirung des fundirten Schuldgeldes (Titel 8).

§ 75. Da das im Gemeingut angelegte Capital keinem Risico ausgesetzt ist (II. 22), und die Rentabilität bei systematischer und mit Kenntniß betriebener Bewirthschaftung der Institute auf Höhe von 10 Procent Reinertrag außer aller Frage steht, so wird das Anlagecapital eines jeden solchen Instituts binnen 10 Jahren nach dem Beginn des Betriebes durch den Reinertrag amortisirt, das Schuldgeld dafür also eingezogen sein.

§ 76. Nach stattgehabter Amortisation des Schuldgeldes tritt die Allgemeinheit dadurch in den besonderen Genuß des Gemeinguts, daß der Tarif für die Benutzung des betreffenden Instituts herabgesetzt werden kann, und zwar nach Maßgabe derjenigen Bedürfnisse der Allgemeinheit, welche noch etwa aus einem weiteren Reinertrage des Gemeinguts zu bestreiten sein möchten.

§ 77. Sind dergleichen Bedürfnisse nicht vorhanden, so kann der Tarif — da der Staat als solcher nicht zu verdienen braucht, — so weit herabgesetzt werden, daß aus dem Ertrage nur die Betriebs- und Unterhaltungskosten des Instituts zu bestreiten sind, ein Reinertrag also gar nicht erzielt zu werden braucht.

§ 78. Jedenfalls ist durch die Anlage, Verwaltung und Bewirthschaftung des Gemeinguts seitens des Staates der Gemeingutzins beseitigt.

Titel 11.
Von den Folgen der Social-Reform.

§ 79. Infolge der Durchführung der Social-Reform (Titel 2—10) ist in allen erwerbsthätigen Volksklassen der sociale Wohlstand begründet, indem die Symptome des allgemeinen materiellen Nothstandes (III. 4) nicht nur verschwunden sind, sondern sich auch in ihr Gegentheil umgewandelt haben.

§ 80. Durch die Beseitigung des Pfandzinses (Hypotheken-, Fonds- und Gemeingutzins) und der Creditwährung ist die Rente unmöglich gemacht; die Unsummen dieser Rente, welche gegenwärtig Jahr aus Jahr ein von der erwerbsthätigen Volksmehrheit zu gunsten der erwerbsunthätigen Volksminderheit (der Rentiers) aufgebracht werden müssen, verbleiben den erwerbsthätigen Volksklassen; es wird also jeder Erwerbsthätige genau so viel erwerben, wie er verdient, d. h. nach unsrer Schätzung (III. 29) mit derselben Arbeitskraft in derselben Arbeitszeit funfzig Procent mehr als jetzt.

§ 81. Die Lebensbedürfnisse werden — den seltenen Fall eines allgemeinen Mißwachses abgerechnet! — nicht mehr theuer und theurer werden; denn die Masse des vorhandenen Geldes wird entweder stets dieselbe bleiben oder — wo sie — durch das Schuldgeld — periodisch sich vermehrt oder vermindert, — sich nicht in den Händen Einzelner, sondern in denen Aller vermehren oder vermindern, unter welcher Voraussetzung der Begriff der Theuerung wegfällt (III. 21).

§ 82. Die Lohn- und die Gehalts-Calamität haben dadurch ein Ende, daß die betreffenden Arbeiter ihren Lohn und ihr Gehalt um 50 Procent erhöht finden (§ 80), und auch im Stande sind, ihre Arbeitszeit zu verkürzen.

§ 83. Durch die möglich gewordene Verkürzung der Arbeitszeit wird auch dem Arbeitsmangel abgeholfen sein, da die verkürzte Arbeitszeit zur Erzielung desselben Arbeitsquantum eine größere Arbeiterzahl erfordert.

§ 84. Die Vermehrung des Erwerbs der erwerbsthätigen Volksklassen (§ 80) gestattet denselben, außer den unentbehrlichen Lebensbedürfnissen, deren Theurerwerden ohnehin aufhört, auch die weniger unentbehrlichen zu befriedigen; es wird also für die Producte aller Erwerbsthätigkeit vermehrte Nachfrage eintreten, und damit hört die Geschäftsstockung auf.

§ 85. Die Hypothekennoth fällt dadurch hinweg, daß die Grundbesitzer infolge des Grund- und des Pfandgeldes im Besitz von zinsfreien Hypotheken sind, die ihnen auch, so lange sie ihre damit verbundenen Pflichten, Annahme des Grund-, resp. Pfandgeldes und Verlegung der Staats-, resp. Gemeindesteuer, erfüllen, nicht gekündigt werden können.

§ 86. Endlich hat auch infolge der Social-Reform die Geld-Calamität ein Ende, da die Capitalisten sich in der Unmöglichkeit befinden, ihre Capitalien pfandsicher und zinstragend anzulegen.

Sie können sie nicht mehr auf Grundstücke leihen; denn alle Grundstücke sind bereits mit dem Grund- und dem Pfandgelde hypothekarisch belastet.

Sie können sie auch nicht in Fonds anlegen; denn die Gemeinwesen (Staat und Gemeinden) brauchen keine verzinslichen Anleihen mehr zu machen.

Sie können sie auch nicht mehr in Gemeingut pfandsicher und zinstragend anlegen; denn das Gemeingut wird nur noch vom Staat gegründet, verwaltet und bewirthschaftet (§ 73).

§ 87. Wenn sich die Capitalisten fragen, was sie alsdann mit ihren Capitalien anfangen sollen, um sie zu ihrem Nutzen zu verwerthen, so werden sie sich antworten, daß sie dieselben im Auslande pfandsicher und zinstragend anlegen können, — entweder in Hypotheken oder in Fonds oder in Gemeinguts-Actien oder in Creditbanken.

5

In diesem Falle würden sie dem Inlande, nämlich dem social-reformirten Staate, gar keinen Schaden zufügen, da in diesem für seinen inneren Verkehr in dem Grund- und dem Pfandgelde Circulationsmittel genug vorhanden sind. — Aber sie würden ihm im Gegentheil Nutzen bringen, indem die von ihnen aus dem Auslande bezogenen Zinsen auf Kosten desselben sie und das Inland bereichern. — Sie werden also mittels ihrer pfandsicheren und zinstragenden Capitalanlage das Ausland eben so aussaugen, wie sie bei dem gegenwärtigen Zustande die erwerbsthätigen Volksklassen des Inlandes aussaugen; und die Folge davon wird die sein, daß der ausländische Staat noch mehr dem socialen Ruin entgegengeht, als es jetzt der Fall ist, — bis er sich gleichfalls zur Einführung der Social-Reform gezwungen sieht.

§ 88. So gewiß ist es, daß — wenn die Social-Reform auch nur in einem größeren Staate eingeführt ist, — alle anderen Staaten ihm auf dieser Bahn folgen müssen.

§ 89. Es bleibt also schließlich den Capitalisten gar nichts Anderes übrig, als ihre Capitalien in der Art zu verwerthen, welche für angesammelte Werthe die einzig richtige und berechtigte ist: zum Handel mit dem Auslande und zur Unternehmung von Productionsgeschäften im Inlande.

§ 90. Da zum Handel mit dem Auslande Baargeld nothwendig ist, so wird man das dazu nöthige Baargeld in seiner Eigenschaft als Waare (I. 41. 42) im Inlande mit dem Scheingelde eben so kaufen müssen, wie man jede andere Waare damit kauft.

Das Inland kann aber dadurch keinen Ausfall an Baargeld erleiden, da das Ausland die von ihm im Inlande gekauften Waaren ja ebenfalls mit Baargeld bezahlen muß. — Es bleibt in dieser Beziehung Alles, wie es gegenwärtig ist.

§ 91. Ein großer Theil der im Inlande disponiblen Capitalien wird aber eben so wenig wie jetzt zum Handel mit dem Auslande verwendet werden können und sich deshalb auf die Unternehmung von Productionsgeschäften werfen müssen, wodurch der Verkehr wesentlich vermehrt werden wird.

§ 92. Für solche Productionsgeschäfte werden die Capitalien das Risico tragen; also werden auch ihre Eigenthümer mit Recht den Ertrag beziehen, der ihnen daraus erwächst.

§ 93. Für den Fall, daß die Capitalisten nicht selber die

Fähigkeit zu solchen Geschäftsunternehmungen haben, werden sie sich nach Personen umsehen müssen, denen solche Fähigkeit innewohnt, um sich mit ihnen zu gemeinsamem Risico (des Capitals und der Arbeitskraft) und zum gemeinsamen Erwerb zu associiren.

Es wird keinem Geschäftstalent mehr an den nöthigen Capitalien fehlen; denn die für Geschäftsunternehmungen bereiten Capitalien werden sich Concurrenz machen und dadurch in's Angebot kommen; — oder mit andern Worten: die Geld-Calamität wird ein Ende haben.

§ 94. Es würde ein Irrthum sein, wenn man glauben wollte, daß durch das Grund-, das Pfand- und das Schuldgeld die vorhandene Geldmasse vermehrt und dadurch eine Preissteigerung der Waaren, also auch des Edelmetalls, resp. Baargeldes, herbeigeführt würde.

Die vorhandene Geldmasse wird dadurch thatsächlich nicht vermehrt, sondern eher vermindert. Denn das Grund- und das Pfandgeld treten nur an die Stelle der Hypothek-Obligationen; das an die Stelle der Gemeinguts-Actien tretende Schuldgeld wird amortisirt, verschwindet also wieder aus dem Verkehr; und das Geld, welches jetzt in den Fonds besteht, fällt ganz hinweg. — Die Waaren, einschließlich des Edelmetalls, resp. Baargeldes, werden also nicht allein nicht theurer als jetzt, sondern im Gegentheile billiger.

§ 95. Indem sonach durch die Social-Reform alle Ursachen und alle Symptome des allgemeinen Nothstandes beseitigt sind, ist der allgemeine Wohlstand — so weit es sich um die erwerbsthätigen Volksklassen handelt, — begründet.

Capitel V.

Die Subsistenzmittel der Erwerbsunfähigen.

Titel 1.

Von der Vollendung des socialen Wohlstandes.

§ 1. Zur Vollendung des allgemeinen socialen Wohlstandes genügt es nicht blos, daß die Erwerbsfähigen und Erwerbsthätigen genau so viel erwerben, wie sie verdienen; sondern es gehört auch dazu, daß die Erwerbsunfähigen (I. Titel 12) mit ausreichenden Subsistenzmitteln versehen sind.

§ 2. Mit Ausnahme der eigentlichen Armen (I. 127), welche allein auf die Humanität des civilisirten Staates angewiesen sind, müssen diese Subsistenzmittel vom socialen Staate in einer Art gewährt werden, welche in dem erwerbsunfähigen Staatszugehörigen das Bewußtsein erzeugt, daß er dem Staate nicht als ein um Gnade oder Almosen Bittender gegenübersteht, sondern ausgerüstet mit dem bedingten Anspruche auf ein Recht. (I. 124. 126.)

§ 3. Die Pflicht, für die Subsistenzmittel der Erwerbsunfähigen zu sorgen, ist eine Pflicht des Staates, nicht — wie jetzt irrthümlich angenommen wird — eine Pflicht der Gemeinde. Denn erstens wird der Mensch nicht für die Gemeinde, sondern für den Staat geboren, und zweitens steht auch die Sorge für die Erwerbsunfähigen seitens der Gemeinde im Widerspruche mit dem natürlichen Rechte eines jeden Menschen, in dem Staate, dessen Zugehöriger er ist, seinen Aufenthalt zu wählen, wo er will.

§ 4. Die Gewährung der Subsistenzmittel für die Erwerbsunfähigen ist eine dreifach verschiedene je nach den drei Kategorien der Erwerbsunfähigen. (I. Titel 12.)

Titel 2.
Von dem Staats-Pensions-Institut.

§ 5. Pension nennt man bekanntlich diejenige Leistung, welche Jemandem beim Eintritte seiner Erwerbsunfähigkeit pflichtgemäß von Demjenigen gewährt wird, dem seine frühere Erwerbsthätigkeit zum Nutzen gereichte.

§ 6. Die Pflicht der Pensionirung tritt aber nur dann ein, wenn Derjenige, dem sie obliegen soll, von der früheren Erwerbsthätigkeit des Erwerbsunfähigen einen reellen Nutzen gehabt, der Pensionsberechtigte also für seine frühere Erwerbsthätigkeit weniger erhalten hat, als ihm zukam.

§ 7. Da der Staat von der Erwerbsthätigkeit seiner Zugehörigen keinen reellen, sondern nur einen ideellen Nutzen hat, so sind seine Invaliden (I. 123) nur dann pensionsberechtigt, wenn sie in der Zeit ihrer Erwerbsthätigkeit dem Staate auch noch einen reellen Nutzen gewähren; — und der

Staat hat alsdann für den ihm gewährten ideellen Nutzen nur die Pflicht, Einrichtungen zu treffen, durch welche den Invaliden der von ihnen gewährte reelle Nutzen in der möglich vortheilhaftesten Art zurück gewährt wird; d. h. der Staat muß für seine Invaliden ein Pensions=Institut begründen.

§ 8. Durch ein solches Staats=Pensions=Institut bezieht der Invalide in der Pension eben nur das, was er sich in der Zeit seiner Erwerbsthätigkeit erworben und dem Pensions=Institut zugeführt hat, um es für ihn zu sparen.

§ 9. Die Gemeinsamkeit dieses Sparens aller Erwerbsthätigen, wie sie durch das Staats=Pensions=Institut bewirkt wird, hat nur den allerdings sehr wesentlichen Zweck, daß die durch die zufälligen, die Erwerbsunfähigkeit herbeiführenden Umstände verursachten zu geringen Einlagen des Einen ausgeglichen werden durch die zu großen Einlagen des Andern, der von jenen Umständen nicht getroffen wird.

§ 10. Die Einlagen selbst hat jeder Erwerbsthätige für sich und seine Pflegebefohlenen ganz nach seinem Belieben zu leisten.

Die Rücksicht auf die persönliche Freiheit gestattet nicht einmal die Anordnung einer Zwangspflicht zu einer Minimaleinlage. — Dagegen hat auch Jeder, der dem Pensions=Institut entweder gar keine oder zu geringe Einlagen zuführt, sich selbst die Schuld beizumessen, wenn er bei dem Eintritte seiner Erwerbsunfähigkeit gar keine oder eine für ihn zu geringe Pension bezieht.

Weder der Staat noch die Gemeinde hätte in einem solchen Falle die Pflicht, ja wäre nicht einmal befugt, ihn vor dem Verhungern oder Darben zu schützen; und auch die Privatmildthätigkeit in Anspruch zu nehmen, dürfte ihm nicht gestattet sein.

§ 11. Die Einlagen kann Jedermann leisten nicht blos in welcher Höhe, sondern auch in welchen Zeiträumen es ihm am passendsten scheint oder seinen Erwerbsverhältnissen angemessen ist.

§ 12. Erwirbt Jemand in der einen Zeit mehr, so kann er in dieser Zeit größere Einlagen machen; erwirbt er zu einer andern Zeit weniger, dann geringere.

§ 13. Sollte es vorkommen, daß Jemand eine gewisse Zeit hindurch gar keine Einlagen leisten kann, so ist darum sein

Pensionsanspruch nicht verfallen, sondern nur momentan verringert und später wieder der Vermehrung fähig.

§ 14. Die Möglichkeit aller dieser Freiheiten und Erleichterungen in der Leistung der Einlagen (§§ 11—13) ergibt sich daraus, daß die Höhe der den Einzelnen zu gewährenden Pensionsquote nach drei Factoren zu berechnen ist: nach der Summe der von ihm gemachten Einlagen, nach der Zeit, binnen welcher sie gemacht worden sind, und nach dem statistisch festzustellenden Verhältnisse der Zahl Derer, welche in einem gewissen Zeitraume pensionsbedürftig werden, zu der Zahl Derer, welche es nicht werden.

§ 15. Bei zeitweiser Erwerbsunfähigkeit (I. 123), die meist nur durch Krankheit verursacht wird, erfolgt die Zahlung der Pension natürlich nur für die Zeit der Erwerbsunfähigkeit, so daß sie aufhört, wenn die Erwerbsfähigkeit wieder eintritt.

§ 16. Bei dauernder Erwerbsunfähigkeit (I. 123) — gleichviel ob dieselbe durch Krankheit, Alter oder Unglücksfall herbeigeführt ist, — erfolgt die Zahlung der Pension bis zum Lebensende des Pensionsberechtigten.

§ 17. Wenn der Pensionsanspruch geltend gemacht wird, muß die Erwerbsunfähigkeit — die zeitweise wie die dauernde — durch die gewissenhafteste Prüfung unzweifelhaft constatirt sein.

§ 18. Der Pensionsanspruch erlischt ganz, wenn Jemand um der Pension willen sich absichtlich erwerbsunfähig macht.

§ 19. Macht sich Jemand aus Fahrlässigkeit erwerbsunfähig, so wird der Pensionsanspruch nach Maßgabe der Größe der Fahrlässigkeit reducirt, und zwar bis höchstens zur Hälfte.

§ 20. In einem solchen Staats=Pensions=Institut, welches mit verhältnißmäßig wenig Zeit und Arbeitskraft zu verwalten ist, finden die Staatszugehörigen aller Erwerbsclassen, auch die Frauen, ein Asyl für den Fall, daß sie erwerbsunfähig werden.

Titel 3.
Von dem Staats=Waisen=Institut.

§ 21. Es ist Sache des eigenen Interesses eines jeden Staates, zu bestimmen, in welchem Grade und mit wie großen Mitteln er seiner Pflicht, für die Erhaltung (Ernährung) und

Erziehung (Ausbildung) seiner Waisen zu sorgen, genüge thun will. (I. 126).

§ 22. Ob die Ernährung und Ausbildung der Waisen durch Unterbringung derselben in den Familien von Staatszugehörigen gegen eine Geldentschädigung oder aber durch Errichtung besonderer Waisenhäuser bewirkt werden soll, ist eine Sache, die dem Ermessen des Staats überantwortet werden kann.

Titel 4.
Von dem Staats=Almosen=Institut.

§ 23. Almosen nennt man bekanntlich diejenigen Leistungen, welche den Armen (I. 127), ohne daß dieselben irgend einen Rechtsanspruch darauf haben, aus bloßer Humanität gewährt werden.

§ 24. Da sich der civilisirte Staat dieser Humanitätspflicht nicht entziehen darf, so wird er genöthigt sein, zur wenigstens nothdürftigen Unterhaltung seiner Armen ein Staats=Almosen=Institut zu gründen.

§ 25. Ob dies Almosen=Institut aus einem bloßen Geldunterstützungs=Fonds oder aus besondern Armenhäusern bestehen soll, kann dem Ermessen des Staates mit Beziehung auf seine besonderen Verhältnisse überlassen bleiben.

Titel 5.
Von den Geldmitteln für die Erwerbsunfähigen.

§ 26. Die Waisen und die Armen müssen ganz von den Geldmitteln des Staates erhalten, daher auch das Staats=Waisen=Institut und das Staats=Almosen=Institut aus diesen Mitteln gegründet und erhalten werden.

§ 27. Ob auch das Staats=Pensions=Institut solche Geldmittel des Staates in Anspruch nehmen soll, um die sich aus der Berechnung der Einlagen ergebende Pensionsquote (§ 14) angemessen zu erhöhen, würde dem Ermessen des Staates vorbehalten bleiben können.

§ 28. Da die für die Erwerbsunfähigen nöthigen Geldmittel fortlaufende Ausgaben sind, so müssen sie naturgemäß aus fortlaufenden Einnahmen hervorgehen.

§ 29. Dergleichen fortlaufende Einnahmen findet aber de social-reformirte Staat in dem Reinertrage des Gemeingut (IV. 76), von dem selbst schon ein verhältnißmäßig kleiner Thei vollkommen ausreichend ist, um nicht nur das Staats-Waisen und das Staats-Almosen-Institut zu erhalten, sondern au dem Staats-Pensions-Institut beträchtliche Summen zuzu führen (§ 27).

§ 30. Auch dürfte es für die erwerbsthätigen Staat bürger nicht leicht eine bessere, vernünftigere und zweckmäßigen Art und Weise geben, um sich ihrer Pflicht für die Erwerbs unfähigen zu entledigen, als wenn die Geldmittel dazu mi tels der Organe des Staates aus denjenigen (jetzt nur de Rentiers geöffneten) Quellen geschöpft werden, welche von vorn herein dazu bestimmt sind, der Allgemeinheit zu gute zu kom men, — nicht blos durch ihre Existenz, sondern auch in ihren Ertrage. —

Schlußbetrachtung.

Wenn wir die in den vorstehenden fünf Capiteln niedergelegten Grundsätze, Ansichten und Vorschläge zur Social-Reform zusammenfassen, so erhalten wir davon folgendes Gesamtbild:

Die Grundursache des allgemeinen materiellen Nothstandes ist die Existenz der Rente, wie sie ermöglicht wird

1) durch die drei Arten des Pfandzinses: Hypothekenzins, Fondszins und Gemeingutzins,

2) durch die Creditwährung oder die Freimünzerei.

Mit der Beseitigung der Grundursache ist der Nothstand beseitigt, und an seine Stelle tritt der allgemeine sociale Wohlstand. —

Der Wahlspruch der Social-Reform lautet also einfach: „Hinweg mit der Rente!"

Die Rente wird aber unmöglich gemacht durch folgende staatlichen Einrichtungen:

1) Einführung des Grundgeldes, — als Folge davon die Grundgeldsteuer als einzige Staatssteuer;

2) Einführung des Pfandgeldes, — als Folge davon die Pfandgeldsteuer als einzige Gemeindesteuer;

3) Einführung des Schuldgeldes, — als Folge davon:

a) Amortisation der in eine unverzinsliche Schuld zu convertirenden verzinslichen Staatsschulden;

b) Begründung und Bewirthschaftung des Gemeinguts durch den Staat zum besten der Allgemeinheit;

4) Beschränkung des Münzregals auf das im Interesse der Allgemeinheit zu schaffende gesamte Scheingeld.

Durch diese staatlichen Einrichtungen werden folgende Zustände geschaffen:

1) Jeder erwerbsfähige und erwerbsthätige Staatsbürger erwirbt durch seine Erwerbsthätigkeit genau so viel, wie er verdient; — er erlangt also sein volles sociales Recht.

2) Kein Staatsbürger ist mehr im Stande, mehr zu erwerben, als er verdient; — es existirt also kein sociales Vorrecht.

3) Die Bedürfnisse des Staates wie der Gemeinde, die ge-

— 74 —

wi... ...hen und die außerordentlichen, werden durch die auf die einfachste
... zu erhebenden Beiträge aller ihrer Zugehörigen nach
... ...gabe der verschiedenen Grade ihres Lebensgenusses
... ...cken, so daß die Nothwendigkeit verzinslicher Anleihen hinwegfällt. —

... gibt für die Erwerbsthätigen im Staate weder Theuerung, noch ungenügenden Lohn oder Gehalt, noch Geschäftsstockung, noch Arbeitsmangel, noch Hypothekennoth, noch Geld-Calamität.

5) Der Staat besitzt in seinem Pensions-, Waisen- und Almosen-Institut ausreichende Mittel, um den Erwerbsunfähigen aller Art bezüglich ihrer Subsistenz gerecht zu werden.

Wenn aber in einem Staate alle diese Zustände existiren, so ist sein allgemeiner socialer Wohlstand dauernd begründet. —

Möge zur möglichst schleunigen Erreichung dieses Zieles zunächst das deutsche Volk seine Pflicht thun! —

Worin diese Pflicht besteht, ist schon im Vorworte dieser Schrift gezeigt, weshalb hier nur noch Folgendes hinzugefügt werden mag:

Man verbreite die in dem gegenwärtigen Werke niedergelegte Social-Reform-Theorie unter allem Volke deutscher Zunge, namentlich auch durch den Beitritt zu dem allgemeinen Social-Reform-Verein, welcher auf der Basis dieses Werkes begründet werden wird.

Dann aber agitire man dafür, daß in die Volksvertretungen der deutschen Staaten möglichst viele Anhänger dieser Social-Reform gewählt werden, — was um so leichter ist, als sie ja vernünftigerweise nur die kleine Zahl der Rentiers zu Widersachern haben kann.

Besteht dann die Mehrzahl der Volksvertreter eines Staates aus Social-Reformern, so ist die Einführung der Social-Reform nur noch eine Frage kurzer Zeit.

Ist aber die Social-Reform auch nur in einem deutschen Staate — gleichviel ob klein oder groß! — eingeführt, so sind die andern Staaten gezwungen, auf dieser Bahn zu folgen.

Das ist dann die richtige Selbsthilfe zur gesetzmäßigen Lösung der socialen Frage. — Eine Revolution ist nicht nöthig dazu; denn es handelt sich nicht darum, etwas Bestehendes umzustürzen, sondern nur darum, etwas Neues aufzubauen, angesichts dessen alsdann das Alte von selbst zerfällt! —

Held.

Stereotypendruck der Buchdruckerei der Staatsbürger-Zeitung (A. Neuendorff)
Berlin, Schützenstraße 68.